KB092298

외국인 유학생을 위한 글쓰기 기초

WRITING BASICS

양태영 지음

(주)박이정

외국인 유학생을 위한

글쓰기 기초

초판 1쇄 발행 2016년 4월 15일
초판 6쇄 발행 2023년 8월 28일

저자 양태영
펴낸이 박찬익

펴낸곳 ㈜박이정 **주소** 경기도 하남시 조정대로45 미사센텀비즈 8층 F827호
전화 031)792-1195 **팩스** 02)928-4683 **홈페이지** www.pijbook.com
이메일 pijbook@naver.com **등록** 2014년 8월 22일 제2020-000029호

ISBN 979-11-5848-113-1 (03710)
* 책값은 뒤표지에 있습니다.

교재 소개

이 책은 저자가 2009년부터 시작한 대학 글쓰기 강의 경험을 바탕으로 개발한, 외국인 유학생의 글쓰기 교재입니다. 대학교에서 강의를 수강하는 다양한 유학생이 대학생활에 적응하고 대학 수강에 필요한 기초적인 쓰기 능력을 집중적으로 키울 수 있도록 단원을 구성하였습니다. 강의 수강에 필요한 기초적 어휘를 배우고, 문어체 표현을 익히며 교수님께 이메일을 보내고 서술식 시험 답안을 작성하고, 보고서를 구성하여 발표하기까지, 대학 수강에 필요한 지식과 기초 쓰기 능력을 익힐 수 있도록 하였습니다. 대학에 입학하는 유학생뿐만 아니라 대학 입학을 준비하는 예비 대학생에게도 선행 학습을 위해서 필요한 교재입니다.

본 교재는 쓰기에 익숙하지 않은 유학생을 위하여 쓰기 능력을 점진적으로 향상시킬 수 있도록 구성하였습니다. 외국인 학습자들이 문장 쓰기에서 가장 어려워하는 조사의 정확한 사용부터 시작하여 문장의 구조를 이해하고, 문장을 확장하고, 확장된 문장으로 단락을 완성할 수 있도록 하였습니다. 단락을 구성하는 단계를 학습한 후에는 요청하는 이메일 쓰기, 자기소개서 쓰기, 서술식 시험 답안 작성하기 같은 주제에 맞는 글쓰기 하기 단계를 거칩니다. 최종적으로는 대학의 연구와 학술 활동을 위하여 가장 중요한 보고서를 완성하는 과정을 거쳐 발표하기까지 도달하는 것으로 구성하였습니다. 단계적으로 쓰기 능력을 향상시킬 수 있도록 하였습니다.

교재의 대상

본 교재는 한국어 중급 능력을 갖추고 대학 입학을 준비하는 예비 대학생과 600시간 이상의 한국어 수업을 마친 대학 학부생을 위한 글쓰기 교재입니다. 대학 강의용 교재이지만 모범 답안과 쉬운 설명으로 혼자서 쓰기 실력을 키우고 싶은 학습자도 학습이 가능하도록 하였습니다.

교재의 구성

　본 교재는 워크북을 겸할 수 있도록 구성하였습니다. 대학 강의에서 활용이 가능하도록 대학생활과 관련된 글쓰기 능력을 주제로 3부, 14개 과로 구성하였습니다. 한 개의 과는 주 2회, 3~4시간 강의에서 활용할 수 있는 분량입니다. 1부의 1과는 학습자의 쓰기 능력 진단과 쓰기에 대한 어려움 해결에 대한 내용으로, 학습 상황에 따라서 2과부터 시작해도 가능합니다. 부록의 발표하기도 상황에 따라 활용할 수 있습니다. 전체 내용은 15주 동안 학습할 수 있습니다. 그리고 주제는 대학생들의 취업 후 직장 생활에서 요구되는 의사소통 역량, 종합적 사고력, 대인관계 역량, 자기관리 역량 등 유학생의 핵심역량 강화를 가능한 고려하였습니다. 각 부의 구성은 다음과 같습니다.

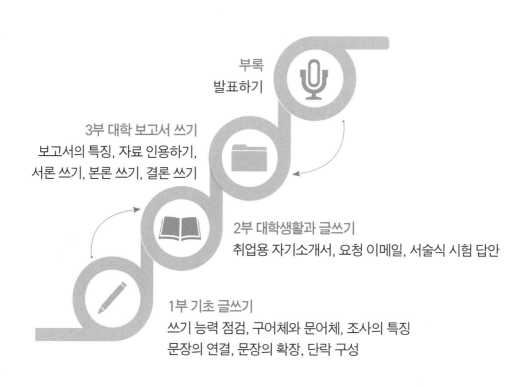

부록
발표하기

3부 대학 보고서 쓰기
보고서의 특징, 자료 인용하기,
서론 쓰기, 본론 쓰기, 결론 쓰기

2부 대학생활과 글쓰기
취업용 자기소개서, 요청 이메일, 서술식 시험 답안

1부 기초 글쓰기
쓰기 능력 점검, 구어체와 문어체, 조사의 특징
문장의 연결, 문장의 확장, 단락 구성

제1부 기초 글쓰기

　제1부는 '기초 글쓰기'로 학습자가 자신의 글쓰기 능력을 알고 문장과 단락을 쓰는 기본적인 지식을 학습하도록 구성하였습니다. 이 단계는 쓰기에 익숙하지 않은 유학생이 글쓰기에 필요한 문어체를 익히고 문장 구성에 필요한 능력을 갖춰서 단락을 구성하는 것에 있습니다. 다양한 연습문제를 통한 확인 학습이 가능하도록 구성하였습니다.

제2부 대학생활과 글쓰기

　제2부는 '대학생활과 글쓰기'로 대학교에서 필요한 글을 쓸 수 있도록 구성하였습니다. 취업용 자기소개서, 윗사람에게 요청하는 이메일 쓰기, 서술식 시험 답안 쓰기를 연습합니다. 이 단계는 단락을 구성하고 연결하는 것을 목표로 하였고 글의 종류에 따른 특징을 이해하여 쓰도록 구성하였습니다.

제3부 대학 보고서 쓰기

　제3부는 '대학 보고서 쓰기'로 보고서의 형식을 갖춰서 완성하는 것을 목표로 구성하였습니다. 대학 학술과 연구 활동을 위해서 가장 필수적으로 써야 하는 대학 보고서의 특징을 알고 형식에 맞춰서 자료를 활용하여 완결된 보고서를 구성할 수 있도록 하였습니다. 그리고 연계 부록으로 발표하기를 함께 담아 이 교재를 학습한 후 한 편의 형식을 갖춘 보고서를 완성하여 발표할 수 있도록 하였습니다.

각 과의 구성

  각 과는 주제보다 쓰기 지식에 중점을 두어 학습자의 쓰기 실력 증진을 목표로 하였습니다. 각 과는 학습 내용을 이해하고 점진적으로 확장한 후 연습하여 활용할 수 있도록 다음과 같이 구성되었습니다.

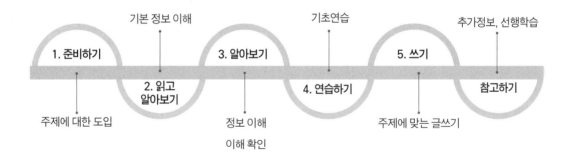

기본 정보 이해   기초연습   추가정보, 선행학습

1. 준비하기   3. 알아보기   5. 쓰기

2. 읽고 알아보기   4. 연습하기   참고하기

주제에 대한 도입   정보 이해   주제에 맞는 글쓰기

이해 확인

1. 준비하기

준비하기는 주제나 쓰기 지식과 관련된 배경 지식을 활성화하는 단계로, 과의 학습내용에 대한 도입이 가능하도록 하였습니다.

2. 읽고 알아보기

읽고 알아보기는 쓰기에 필요한 기본 정보를 읽고 이해하거나 읽기 자료를 통해서 이해하도록 하였습니다.

3. 알아보기

알아보기는 쓰기에 필요한 표현을 익히고 이해를 확인하거나 기본 연습을 하도록 하였습니다.

4. 연습하기

연습하기는 학습 내용을 바탕으로 확장 연습을 하거나 주제에 맞는 글쓰기 전 단계로, 글을 쓸 준비를 하도록 하였습니다.

5. 쓰 기

쓰기는 학습한 내용을 본격적으로 쓰는 단계로 모범 답안을 통해서 모범 문장을 확인할 수 있도록 하였습니다. 2부와 3부에서는 과제로 쓰는 글에 대한 평가표를 제시하여 자신의 글을 스스로 평가하고 문제점을 진단하도록 하였습니다.

6. 참고하기

학습자들이 더 알아두면 좋을 정보나 다음 과의 전시학습을 겸하여 구성하였습니다.

저자의 말

　이 교재를 구상하고 집필하는 과정에서 주위의 많은 도움을 받았다. 자료의 초기 검토부터 좋은 조언을 해 주신 오문경, 이경수 교수님, 부족한 원고를 일일이 살펴주신 정서영 선생님 그리고 선뜻 책의 출간을 결정해 주신 도서출판 박이정 편집부에 고마운 마음을 전한다.

　집필에 집중할 수 있도록 배려해 주신 상명대학교 국제언어문화교육원 조항록 원장님 이하 관계자 분들에게도 감사의 말씀을 드리고 싶다. 이 교재는 유학생들이 한국에서 즐겁게 대학생활을 하면서 대학 과정을 수강하는데 도움을 줄 수 있도록 관심 있는 분들의 조언을 통해 지속적으로 개정할 계획이다.

목차

내용 구성

과	주제	읽고 알아보기	알아보기
1과	한국어 글쓰기 능력 점검	쓰기 능력 진단	글쓰기 상담소
2과	소개하기	구어체와 문어체	구어체, 문어체, 격식체
3과	수강 신청	조사의 특징	조사의 종류
4과	대학생활	한국어의 문장	문장 연결 표현
5과	대학교의 시설	띄어쓰기 문장의 확장	관형절로 문장 확장하기
6과	인간관계	단락의 구성	단락에 필요한 표현 외래어 표기법
7과	취업을 위한 자기소개	취업용 자기소개서의 내용	성격의 장점과 단점
8과	요청하는 이메일	요청하는 이메일	요청하기
9과	한국어와 한국어교육	서술식 시험 서술식 시험 문제 유형	서술식 시험에 필요한 표현
10과	한국과 한국문화	대학 보고서의 형식 대학 보고서의 종류	대학 보고서의 구성 보고서 쓰기 과정
11과	한국인의 식생활	표절 인용	인용 표현 참고자료 정리 방법
12과	일상생활과 미래	서론의 내용 및 구성	서론에 필요한 표현
13과	국제사회와 환경오염	본론의 내용 및 구성	본론에 필요한 표현
14과	인간과 언어	서론과 결론의 차이	결론에 필요한 표현
부록	발표하기	발표 과정	발표 자료의 종류

연습하기	쓰기	더 알아보기
책을 배우기전 Q&A	200자 이상 쓰기	한국어의 9품사
문어체, 격식체 쓰기	자기 소개 친구 소개	문장의 주성분
조사 정확하게 쓰기	수강 신청 방법	문장의 부속 성분
문장 연결	적성과 진로	띄어쓰기 검사기
문장 확장	대학교 시설 이용 방법	문장부호
단락 구성 연습	인터넷과 인간관계	외래어 표기법 변환기
자기소개서의 구성과 내용	취업을 위한 자기소개서	교정부호
요청 이메일의 구성	요청하는 이메일	자주 실수하는 맞춤법과 띄어쓰기
서술식 시험 답안 작성	서술식 시험 답안	서술식 시험 준비 방법
개요 쓰기	보고서 개요	개요를 쓰는 이유
인용하기	자료 인용하기	참고 자료 사이트
서론 쓰기	보고서의 서론 쓰기	논증보고서
본론 쓰기	보고서의 본론 쓰기	객관적이고 논리적으로 보고서 쓰기
결론 쓰기	보고서의 결론 쓰기	대학 보고서로 좋은 점수를 받는 방법
발표 자료 만들기	발표 평가하기	

제1부

기초 글쓰기

01

한국어 글쓰기 능력 진단

 학습목표 ✿ 자신의 쓰기 능력과 쓰기 습관에 대해서 안다.

◆ 주제: 한국어 쓰기 능력 점검
◆ 쓰기: 200자 이상 쓰기

01. 글 쓰는 방법을 배운 적이 있습니까?

☐ 예　　　　　　　☐ 아니오

02. 어떤 글을 많이 써 보았습니까? 별로 써 본 글이 없으면 쓰고 싶은 글의 종류가 무엇입니까?

☐ 일기　　　☐ 소설　　　☐ 수필　　　☐ 보고서　　　☐ 자기소개서

03. 글쓰기를 잘 하기 위해서 어떻게 해야 합니까?

04. 어떤 글을 잘 쓰고 싶습니까?

05. 글을 쓸 때 어떤 점이 가장 어렵습니까? 고르십시오.

☐ 한국어는 말과 글의 차이가 어렵습니다.
☐ 글을 쓸 때 무엇을 어떻게 써야할지 모르겠습니다.
☐ 글을 짧게 쓸 수는 있지만 길게 쓰기는 어렵습니다.
☐ 단어도 맞고 문법도 정확하지만 문장이 어색합니다.
☐ 다른 사람이 내 글을 읽고 평가하는 것이 두렵습니다.
☐ 모국어로는 쓸 수 있는데 한국어로 번역하기 어렵습니다.
☐ 모국어로는 잘 쓸 수 있지만 한국어는 쓰기가 어렵습니다.
☐ 글을 쓸 때 적합한 문법과 맞춤법을 생각하느라 많은 시간이 걸립니다.

쓰기는 여러 자료 내용을 모아서 새로운 생각으로 다시 만들어 내는 것입니다. 그래서 새로운 생각을 빨리, 많이 할 수 있는 것도 중요합니다. 쓰기 대해서 배우기 전에 새로운 생각을 얼마나 잘 할 수 있는지, 여러분의 창의력을 알아봅시다.

01. 2분 동안 '옷걸이'로 할 수 있는 것을 생각하여 생각하여 답안지에 모두 쓰십시오.
　　한국어로 쓰지 않아도 됩니다. 단어로 쓰십시오.
　　쓴 단어 수를 $\frac{1}{2}$ 하십시오.

출처: 토니 부잔. 2005. 생각의 지도 위에서 길을 찾다. 중앙books buzan korea. 122쪽 참조

01. 쓰기에 대해서 배우기 전에 먼저 자신의 글쓰기 능력을 점검해 봅시다. 다음 중 한 가지를 골라서 200자 이상의 글을 쓰십시오.

　　1) 한국에서 생활이 어떻습니까?

　　2) 왜 지금의 전공을 선택했습니까?

　　3) 대학을 졸업한 후에 어떤 계획이 있습니까?

02. 앞의 글을 쓴 후에 다음을 점검해 보십시오.

점검 질문	잘했습니다 20점-13점	보통입니다 12점-6점	못했습니다 5점-1점
1. 맞춤법이 맞습니까?	☐	☐	☐
2. 띄어쓰기가 잘 맞습니까?	☐	☐	☐
3. 조사와 표현이 잘 맞습니까?	☐	☐	☐
4. 원고지 쓰기에 맞게 썼습니까?	☐	☐	☐
5. 전체 내용의 주제를 잘 알 수 있습니까?	☐	☐	☐
총 점 수		_____ 점	

[쓰기 능력 진단]

0~ 40점: 한국어 실력이 부족합니다. 먼저 한국어 실력을 더 키우는 것이 필요합니다.

45~ 65점: 보통 실력입니다. 쓰기에 대해서 배우면 잘 쓸 수 있습니다. 쓰기 연습이 좀 필요합니다.

70~ 85점: 쓰기에 익숙한 편입니다. 대학 생활에 필요한 쓰기 기술을 더 배우면 잘 쓸 수 있습니다.

90~100점: 글쓰기를 배운 적이 있습니까? 대학에 필요한 쓰기 기술만 배우면 됩니다. 대학 생활을 하는데 충분한 수준입니다.

03. 앞의 글을 다 완성한 후 다음 질문에 '예'와 '아니오'를 고르십시오.

	예 1점	아니오 0점
① 내성적인 성격입니까?	☐	☐
② 완벽주의적인 성격이 강합니까?	☐	☐
③ 옆 친구의 글과 내 글을 자꾸 비교합니까?	☐	☐
④ 글을 모국어로 쓴 후에 한국어로 번역합니까?	☐	☐
⑤ 생각은 잘 나지만 글로 표현하기가 어렵습니까?	☐	☐
⑥ 글을 다른 사람에게 보여 주는 것이 두렵습니까?	☐	☐
⑦ 글을 쓸 때 처음 문장 쓰기가 가장 힘듭니까?	☐	☐
⑧ 한국어 맞춤법과 문법을 잘 몰라서 쓰기가 어렵습니까?	☐	☐
⑨ 글을 쓸 때 썼다가 지웠다가를 반복하면서 시간이 오래 걸립니까?	☐	☐
⑩ 책 읽기는 좋아하지만 읽은 책에 대해서 토론하는 것은 어렵습니까?	☐	☐
총 점 수		_____ 점

[쓰기 태도 진단]
10~6점: 글쓰기를 두려워합니다. 글을 많이 쓰지 않았습니까? 먼저 쓰기에 익숙해져야 합니다. 일기나 가족, 친구에게 보내는 이메일부터 자주 쓰십시오.
5~3점: 글은 쓰지만 힘들어 합니다. 아직 긴 글쓰기에는 익숙하지 않습니다. 쓰기와 관련된 책을 읽거나 주위 사람에게 도움을 받으면 잘 쓸 수 있습니다.
2~0점: 아직 글을 잘 쓸 수 없습니다. 주제와 종류에 맞는 글을 쓰는 연습을 계속 하십시오.

● 여러분 선배들이 이야기한 글쓰기에 대한 고민입니다. 여러분과 같은 고민이 있습니까?
자신이 가지고 있는 쓰기에 대한 문제를 어떻게 해결할 수 있는지 방법을 찾아보십시오.

> 한국어는 잘하지만 글을 쓸 자신이 없습니다.

> 중요한 것은 한국어로 쓰는 것이 아니라 여러분의 생각이나 내용을 표현하는 것입니다. 한국 학생도 글 쓰는 것은 어렵습니다. 책의 내용대로 연습하면서 쓴다면 잘 쓸 수 있습니다.

> 저는 제 모국어로 쓴 후에 한국어로 번역을 합니다.

> 많은 유학생이 모국어로 쓴 후에 한국어로 번역하지만 번역도 어렵고 힘이 듭니다. 모국어로는 생각을 정리하고 처음부터 한국어로 쓰기 시작하는 것이 처음에는 어렵지만 익숙해지면 더 쉽게 쓸 수 있습니다.

> 글을 쓸때 무엇을 어떻게 써야 할지 모르겠습니다.

> 글을 쓰기 전에 목적에 맞게 생각을 정리합니다. 내가 쓰는 글의 종류와 무엇에 대해서 쓰는지를 생각하면서 쓰십시오. 글을 쓰기 전에 전체 글을 어떻게 쓸 것인지 간단하게 계획을 해 보는 것도 좋습니다. 그리고 내가 쓰는 글을 읽는 사람이 교수님인지 학생인지 독자를 생각하면서 글을 쓰는 것이 글을 쉽게 쓸 수 있도록 도와줍니다.

글을 쓰지만 짧게 씁니다. 어떻게 하면 좀 더 긴 글을 쓸 수 있을까요?

아무리 글을 잘 쓰는 사람도 자기의 생각만으로는 글을 쓸 수 없습니다. 내가 쓰는 글과 관련된 책이나 신문 기사, 논문 등 다양한 자료를 읽고 그 내용을 바탕으로 해야 글을 쓸 수 있습니다.

글을 쓸 때 적합한 문법과 맞춤법을 고민하느라 많은 시간이 걸립니다.

많은 유학생들이 글을 쓰기 전에 어떤 문법을 사용해야 하는지, 어떤 어휘를 사용해야 하는지 고민을 합니다. 대학에서는 틀린 글자나 문법보다는 전공 관련 용어, 관련된 내용에 집중하고 새로운 생각이나 논리적인 의견을 보고 평가합니다. 문법과 맞춤법은 글을 쓰는데 기본이 되지만 내용을 쉬운 표현으로 쓰는 것도 중요합니다.

단어도 맞고 문법도 정확하지만 문장이 어색합니다.

유학생은 한국 사람들이 자주 사용하는 표현에 익숙하지 않습니다. 문법도 맞고 적당한 어휘를 사용해도 어색하다는 말을 들을 수 있습니다. 이것은 한국 사람이 글에서 자주 쓰는 표현을 아직 잘 모르기 때문입니다. 이런 것에 익숙해지려면 글을 많이 읽어야 합니다. 특히 한국어로 설명된 사전을 보는 것이 좋습니다.

다른 사람이 내 글을 읽고 평가하는 것이 두렵습니다.

글은 독자가 읽기 위해서 쓰는 것입니다. 많은 평가를 받은 글일수록 좋은 글이 될 수 있습니다. 만약 다른 사람에게 평가가 두렵다면 글을 다 쓴 후에 다시 읽고 자신부터 평가해 보십시오.

❶ '글쓰기 기초'에서는 무엇을 배웁니까?

여러분의 생각이 다른 사람과 같을 수는 없습니다. 예를 들어 눈이 오는 날 집에 갈 때 차가 막힐 것을 걱정하는 사람이 있고, 만나고 싶은 사람들이 생각나는 사람이 있습니다. 다른 사람에게 내 생각을 전달하는 방법은 말하기와 쓰기가 있고, 글쓰기 기초는 대학생활을 하고 강의를 들으면서 내 생각과 의견을 정확하게 쓰는 방법을 배웁니다. 즉, 이 책에서는 대학생활을 잘 하기 위한 쓰기를 배웁니다.

❷ '글쓰기 기초'에서 무엇을 배울 수 있습니까?

글쓰기를 요리와 비교해 보면, 요리사가 좋은 재료를 준비해서 열심히 배운 요리 실력으로 요리를 만들어 손님을 초대했습니다. 그런데 한 가지가 없어서 사람들이 음식을 먹을 수 없었습니다. 무엇이 없었을까요? '수저'가 없었습니다.

여러분이 가지고 있는 생각과 열심히 배운 지식으로 좋은 계획을 세웠지만 다른 사람에게 전달 할 수 있는 글이 없다면 아무리 좋은 아이디어라고 해도 실현될 수 없습니다.

이 책에서는 여러분이 가지고 있는 생각과 아이디어가 더 잘 정리할 수 있도록 돕고 다른 사람에게 정확하게 전달 할 수 있는 방법을 배울 예정입니다. 그래서 이 책의 연습하기와 쓰기를 꼭 써야합니다.

❸ 대학생활에서 쓰기가 얼마나 필요합니까?

여러분은 한국어를 공부할 때 시험을 본적이 있습니까? 말하기, 듣기, 읽기, 쓰기 시험을 보거나 한국어능력시험(topik)을 보고 대학교에 입학을 했을 것입니다.

대학교에서 점수를 받기 위해서는 시험을 봐야 하고, 또한 발표를 하기 위해서는 읽을 수 있는 원고가 필요합니다. 다시 말하면 대학 강의를 수강한 여러분의 지식과 능력을 쓰기로 평가해서 점수를 줍니다. 왜 쓰기로 평가하느냐? 새로운 생각을 정확하게 쓰는 것이 전공 분야의 전문가가 되기 위한 중요한 능력이기 때문입니다. 대학교에서 쓰기를 잘 하기 위해서는 '다양하고 새로운 생각', '글을 쓰는 한국어 능력', '전공에 대해서 알고 있는 지식' 세 가지가 필요합니다.

❹ 쓰기 능력은 대학교에서만 필요합니까?

여러분은 대학교를 졸업하면 더 이상 쓸 일이 없다고 생각합니까? 대학을 졸업한 이후에 직장인이 되면 많은 시간 쓰게 됩니다. 요즘 회사에서는 글을 잘 쓰는 직원을 원합니다. 새로운 창의적인 사고를 할 수 있고, 의사소통을 잘 하는 직원을 원합니다. 예를 들어, 여러분이 열심히 공부해서 졸업을 한 후에 요즘 어렵다는 입사시험에 합격하여 일을 시작한다면, 업무시간의 어느 정도를 쓰는 시간으로 보낸다고 봅니까? 직장마다 다르겠지만 미국의 설문조사에 따르면 보통의 직장인은 직장에서 보내는 시간의 1/3을 편집과 발표하는 글쓰기, 계획하는 쓰기 등에 보내고 중간 관리자는 40%, 고위 관리자는 50% 이상의 시간을 쓰기로 보낸다고 합니다. 이것 때문에 지금 한국 대학에서는 대학생이 취업해서 현장에서 필요한 능력을 갖출 수 있도록 핵심역량(corecompetency) 교육을 강화하고 있습니다.

쓰기는 그럼 직장과 대학생활을 위해서만 필요합니까? 그렇다면 우리가 재미있게 읽는 소설이나 시가 없을 것입니다. 우리는 가까운 사람에게 내 감정을 표현하고, 사랑하는 사람들에게 내 마음을 전달하기 위해서도 씁니다. 작가들은 마음에 드는 표현을 찾기 위해서 수백 번 글을 썼다 지웠다가 하면서 글을 쓰기 위한 노력을 합니다. 요즘은 작가들뿐만 아니라 블로그, 인터넷 카페의 글쓰기를 통해서 보통 사람이 유명해지기도 합니다. 이 책과 함께 글쓰기의 기초를 배워 봅시다.

한국어의 9품사

　글은 문장으로 구성되고, 문장은 품사를 가지고 노는 게임으로 생각하면 됩니다. 문장을 이해하기 위해서는 품사를 알아야 합니다. 품사는 단어가 문장에서 형태가 변하는지, 어떤 기능을 하는지, 어떤 의미를 가지고 있는지를 구분한 것입니다. 한국어 문장에서는 9개의 품사가 있습니다. 명사, 대명사, 수사, 동사, 형용사, 관형사, 부사, 조사, 감탄사입니다.

　'가다', '갔다', '가요'처럼 '동사'와 '형용사'는 문장에서 형태가 변합니다. 예를 들어 동사, '먹다'는 '먹었다, 먹는, 먹는데', 형용사 '예쁘다'는 '예뻤다, 예쁜, 예쁜데'와 같이 형태가 변합니다. 이 두 가지를 함께 '용언'이라고 부릅니다.

　문장에서 형태가 변하지 않는 '체언', '수식언', '관계언', '독립언'이 있습니다. 문장에서 가장 기본으로 '체언'이라고 합니다. 체언에는 사람이나 사물의 이름을 나타내는 '명사', 사람, 사물, 장소의 이름을 대신해서 사용하는 '대명사', 수량이나 차례를 나타내는 '수사'가 있습니다.

　'수식언'은 용언과 체언 앞에서 내용을 자세히 해 주는 것으로 '관형사'와 '부사'가 있습니다. '관형사'는 주로 사람과 사물을 자세하게 설명해 주는 말로 '어떤', '무슨'에 해당합니다. 예를 들어서 '큰 사람'입니다. '부사'는 주로 서술어를 자세히 설명해 주는 말로 '어떻게, 어디서'에 해당합니다. 예를 들어, '많이 먹었어요'에서 '많이'입니다. 관계언은 예를 들어서 '-이/가', '-을/를'과 같은 '조사'입니다. '독립언'은 '아, 앗'과 같이 뜻은 없고 느낌이나 놀람, 대답할 때 하는 말입니다.

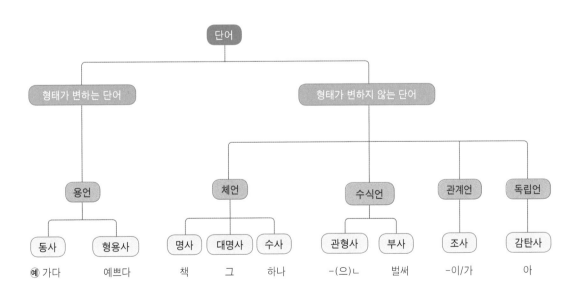

NOTE

02

구어체와 문어체의 특징

01. 한국어에서 말과 글이 같습니까? 다릅니까?

　　□ 같다　　　　　　　□ 다르다

02. 다음 문장을 읽고 고르십시오. 말에서 사용한 문장을 '말', 글에서 사용한 문장을 '글'을 고르십시오.

점검 질문	말	글
1) 여러분을 만나서 반가워요.	□	□
2) 신입생 모두 열심히 할 것이라고 생각합니다.	□	□
3) 신입생들은 모두 입학식에 참석해야 한다.	□	□
4) 대학교 새내기랑 선배들이랑 만남이 준비되어 있습니다.	□	□
5) 언제나 도움을 줄 준비가 되어 있다.	□	□

03. 한국어에서 말과 글을 표현할 때 어떻게 다릅니까?

구어체와 문어체가 무엇입니까?

※ 다음 두 글을 읽고 비교하십시오. 다른 점은 무엇이 있습니까?

❶ 가 : 유미코 씨, 그릇을 들고 먹어요?
　　　밥을 먹을 때 젓가락을 사용하네요.
　나 : 네, 일본에서는 이렇게 먹는데 왜요?
　가 : 한국에서는 밥그릇을 들고 먹으면 어른들이 야단을 쳐요. 밥이랑 국을 먹을 때는 숟가락을 사용해야 하고요.
　나 : 일본에서는 그릇을 놓고 먹으면 개가 밥 먹는 것 같다고 해요.
　가 : 한국과 일본은 식사 예절이 비슷할 줄 알았는데 진짜 다르네요. 똑같이 쌀을 먹고 숟가락과 젓가락을 사용하는데. 유미코 씨, 이렇게 해요?
　나 : 아니요. 그릇은 왼손이고 오른손으로 젓가락을 사용해요.

❷ 한국과 일본 두 나라는 식사예절이 비슷할 거로 생각하지만 차이점도 많다. 한국과 일본은 쌀을 먹고, 밥과 반찬 중심으로 식사를 하기 때문에 두 나라의 식사 예절도 비슷할 거로 생각하는 사람이 많다. 한국에서는 그릇을 들고 먹으면 어른들이 야단을 치지만 일본에서는 밥그릇을 식탁에 놓고 먹으면 '개가 밥을 먹는 모습' 같다고 한다. 한국에서는 밥과 국을 숟가락으로 먹고 다른 반찬은 젓가락으로 먹지만 일본에서는 밥이나 국도 젓가락으로 먹는다. 일본에서는 밥이나 국그릇을 왼손에 들고 먹어야 한다.

01. ❶번과 ❷번 글의 차이는 무엇입니까? 맞는 것을 고르십시오.

점검 질문	❶	❷
1) 사람을 부르는 표현이 있다.	☐	☐
2) '-아/어/여요'를 사용해서 문장이 끝난다.	☐	☐
3) '-ㄴ/는다/한다'를 사용해서 문장이 끝난다.	☐	☐
4) 두 사람이 대화를 한다.	☐	☐
5) 주제를 정확하고 객관적으로 알 수 있다.	☐	☐

02. ❶, ❷ 두 글의 주제는 어디에 있습니까? 찾으십시오.

❶ 구어체와 문어체

- 말을 글로 표현한 것은 '구어체'이고 말을 글로 쓴 것은 '문어체'이다. 문어체는 책이나 공식적인 상황에서 사용한다.
- 구어체는 대화처럼 쓴다. 문장의 마지막을 '-아/어/여(요)'로 쓴다.
- 문어체는 문장의 마지막을 '-ㄴ다/는다/한다'로 쓴다.
- 구어체와 문어체는 표현 방법이 조금 다르다.

❷ 격식체

- 문어체와 비슷하지만 발표, 뉴스, 연설과 같은 공식적인 상황에서 사용하는 표현을 격식체 또는 발표체라고 한다. 발표는 여러 사람 앞에서 말로 하는 것이기 때문에 높임법을 사용한다. 문장의 마지막을 '-ㅂ니다/습니다'로 쓴다. 그리고 듣는 사람의 관심을 집중시키거나 생각할 시간을 갖기 위해서 구어체 표현도 함께 사용한다.

1. 구어체, 문어체, 격식체는 어떻게 다릅니까?

	구어체	격식체	문어체
평서문	저 신입생이에요. 나 신입생이야.	저는 신입생입니다.	나는 신입생이다.
의문문	입학식 어디에서 해? 새내기 입학식이 언제예요?	입학식을 어디에서 합니까? 새내기의 입학식이 언제입니까?	입학식을 어디에서 하는가. 새내기의 입학식이 언제인가.
청유문	저기요, 과사무실에 같이 갈래요? 선배를 만날래요?	과사무실에 같이 갑시다. 선배를 만납시다.	과사무실에 같이 가자. 선배를 만나자.
명령문	신입생은 모두 참석하세요. 선배한테 인사해라.	신입생은 모두 참석하십시오. 선배에게 인사하십시오.	신입생은 모두 참석해라. 선배에게 인사해라.
인용문	총장님께서 오늘 입학식에 참석하신대요. 입학식 후에 선배들과 만남이 있대요.	총장님께서 오늘 입학식에 참석하신다고 합니다. 입학식 후에 선배들과 만남이 있다고 합니다.	총장이 오늘 입학식에 참석한다고 한다. 입학식 후에 선배들과 만남이 있다고 한다.

2. 구어체와 문어체는 어떻게 다릅니까?

❶ 주관적인 글과 객관적인 글

• 구어체는 주관적인 글로 사람의 감정을 잘 표현한다. 문어체는 객관적으로 쓴다.

나 화 안 났어

> ㉠ 구어 – 화가 난 표정 "화 안 났어." [화가 났다]
> 웃는 표정 "화 났어." [화가 안 났다]

❷ 높임법

• 구어체는 반말, 높임법을 사용한다. 문어체는 높임법이 없다.

> ㉠ 구어 – 교수님께: "교수님, 제가 좀 늦었습니다. 대단히 죄송합니다."
> 동료에게: "민수 씨, 제가 좀 늦었지요. 정말 미안해요."
> 친구에게: "영민아, 내가 좀 늦었어. 미안."
>
> 문어 – 내가 좀 늦었다. 미안하다.

❸ 사람을 부르는 말

• 구어체에서는 '여러분, 너희, 우리, 저, 너, 본인'와 같은 사람을 지시하는 표현을 많이 사용한다. 그리고 '제 생각' 같은 말을 많이 사용한다. 문어체에서는 '필자'를 사용한다. 또한 독자는 글을 쓰는 사람이 누구인지 이미 알고 있기 때문에 '저는, 나는' 대신에 '필자'를 생략하기도 한다.

> ㉠ 구어 – 제가 글을 쓸 때 보면 순서가 있어야 하거든요. 제 생각인데요, 중요한 생각을 앞에 쓰는게 중요한 거 같아요.
>
> 문어 – 글을 쓸 때 순서가 있어야 한다. 필자는 중요한 생각을 앞에 쓰는 게 중요하다고 본다.

❹ 생략과 조사 사용

• 구어체는 두 사람이 모두 알고 있는 내용은 말하지 않고 생략한다. 특히 조사를 자주 생략한다. 문어체는 문장의 순서를 바꾸거나 생략하지 않는다. 조사를 정확하게 쓴다.

> 예 구어 – 가 : 민수, 어디?
> 　　　　 나 : 집
> 　　 문어 – 가 : 민수는 어디에 있는가?
> 　　　　 나 : 민수는 집에 있다.

❺ 줄임 표현

• 구어체는 사람들이 잘 알고 있는 단어나 표현은 짧게 줄여서 사용한다. 또한 주관적인 생각이기 때문에 문법이 조금 틀리거나 단어의 순서도 마음대로 바꿔서 사용할 수 있다. 문어체는 단어나 표현을 줄여서 사용하지 않는다. 정확하고 논리적으로 써야 하기 때문에 문법에 맞게 쓴다.

> 예 구어 – 알바 가야 하는데, 먼저 버카충 하러 학관 가야 해.
> 　　 문어 – 아르바이트를 가야 하는데, 먼저 버스 카드 충전 하러 학생회관에 가야 한다.

버카충하러 학관가자.

❻ 담화표지

• 구어체는 생각할 시간을 위해서 '음, 그러니까, 그럼, 그런데, 그, 글쎄, 이제는, 그러니까'와 같은 표현을 사용한다. 문어체는 계획하고 쓰기 때문에 이것을 사용하지 않는다.

> 예 구어 – 저 근데 지금 머리가 좀 아픈데. 그러니까 아파서 집에 갈려고요.
> 　　 문어 – 나는 지금 머리가 아프다. 머리가 아파서 집에 간다.

❼ 품사의 구분

- 구어체는 상황이나 감정을 전달하기 위해서 형용사, 동사를 많이 사용한다. 문어체는 의미를 정확하게 전달하기 위해서 명사를 많이 사용한다.

  > 예) 구어 – 리타는 예쁘고 성격도 좋으니까 동기와 선배들에게 인기가 많을 거야.
  >
  > 문어 – 리타는 미모가 출중하고 성격도 좋아서 동기와 선배들에게 많은 인기가 있을 것이다.

❽ 질문의 방법

- 구어체는 대화이기 때문에 질문과 대답을 한다.
- 문어체는 읽는 사람에게 질문할 수 없기 때문에 간접적인 질문으로 '-는가/은가' 또는 '-나'를 사용한다. 질문을 평서형으로 바꿔 쓰기도 한다.

  > 예) 구어 – 날씨가 추워요? 어디에 가요?
  >
  > 문어 – 날씨가 추운가. 어디에 가나.

❾ 자주 사용하는 표현

- 구어체에서 자주 사용하는 문법, 어휘, 표현과 문어체에서 자주 사용하는 문법, 어휘, 표현이 있다.

  > 예) 구어 – 저랑 민수랑 오리엔테이션 때 만나기로 했어요. 근데(→ 그런데) 비가 오고 바람이랑 무지 부니까 취소할래요. 민수한테 전화할래요.
  >
  > 문어 – 나는 민수와 오리엔테이션 때 만나기로 했다. 그런데 비가 올 뿐만 아니라 바람이 무척 불어서 취소할 것이다. 민수에게 전화할 것이다.

구어체	문어체
-아/어/여요	-ㄴ다/는다/한다
-랑/이랑, -하고	-와/과
-한테	-에게
또, 근데	그리고, 그런데
진짜, 정말, 무지, 너무	아주, 매우, 무척, 대단히

문어체와 격식체 쓰는 연습을 합니다.

01. 다음 〈보기〉와 같이 구어체를 문어체로 바꾸십시오.

> 〈보기〉 신입생이랑 선배들이랑 만나요.
> ⇨ <u>신입생과 선배들이 만난다.</u>

① 저는 졸업 할 때까지 동아리 활동이 정말 재미있었어요.

⇨ _____

② 오늘 신입생들 어디에서 입학식 해요?

⇨ _____

③ 또 부모님과 선생님들께도 축하와 환영의 말씀을 드리구 싶어요.

⇨ _____

④ 선배들이 길을 잘 아니까 찾는 걸 도와줄 거예요.

⇨ _____

02. 다음 〈보기〉와 같이 격식체를 문어체로 바꾸십시오.

격식체는 밑줄에 대한 설명을 먼저한다.

격식체	문어체
제가 오늘 여러분에게 말씀 드릴 내용은 대학생활에 대해서입니다. 먼저 신입생 여러분의 입학을 축하하고 환영합니다. 또한 오늘을 위해 열심히 노력해 주신 부모님과 교수님들께도 진심으로 축하와 환영의 말씀을 드리겠습니다. 그리고 대학이란 뭘 하는 곳인지 압니까? 신입생, 신입생은 이제 우리 대학교에서 '널리, 많이 아는 공부'와 '깊게 아는 공부'를 함께하게 될 겁니다. 학교를 믿고 교수님하고 선배들을 믿고 잘 따라오면 반드시 졸업 후에 좋은 결과가 있을 겁니다.	신입생 여러분의 입학을 축하하고 〈보기〉 환영 한다. 또한 오늘을 위해 열심히 노력해 주신 부모님과 교수님 ① [____] 진심으로 축하와 환영의 ② [____] 대학이란 ③ [____] 하는 곳인지 ④ [____] 신입생은 우리 대학교에서 '널리, 많이 아는 공부'와 '깊게 아는 공부'를 함께하게 ⑤ [____] 학교를 믿고 교수님 ⑥ [____] 선배들을 믿고 잘 따라오면 반드시 졸업 후에 좋은 결과가 ⑦ [____]

03. 다음은 선배의 대학생활에 대한 발표입니다. 〈보기〉와 같이 문어체로 바꾸십시오.
다음 순서로 바꾸십시오.

① '-아/어/여요'는 'ㄴ다/는다/한다'로 바꿉니다.   ② 짧게 줄여서 쓴 단어를 바꿉니다.
③ 구어표현을 문어표현으로 바꿉니다.   ④ 반복하는 말이 있으면 지웁니다.

여러분을 만나서 너무너무 반가워요. 여러분, 2016학년 입학생 새내기 맞지요?
　　　　〈보기〉 매우 반갑다

전 외식영양학과 선배 응우엔 딩 쫑이라고 해요. 저도 베트남에서 온 유학생이에요.

시간이 참 빨라요. 벌써 한국에 온 지 3년이 되었네요.

저는 한식을 좋아해서 한식을 전공하러 왔어요. 젤 처음 한국에 왔을 때는 한국어를 잘 못해서 많이

힘들었어요. 하지만 제가 가장 힘들었던 것은 주위에 아무한테도 도와 달라고 말하기 힘들었던 거

예요. 외국 생활은 하면 혼자 있다는 생각에 정말 많이 힘들지요.

하지만 여러분은 이제, 이제는 혼자가 아니라 한국대학교의 학생이에요. 앞으로 대학이랑 사회에서

많은 선배와 동문들을 만날 수 있을 거예요. 도움이 필요하면 언제든지 전화하세요. 선배라서 저한테

연락하기 힘들면 동기들이랑 연락하세요. 여러분이 먼저, 친구를 찾고 먼저 노력하지 않으면 졸업

할 때까지 친구 한 명 사귀지 못 할 걸요. 그리고 진짜 적극적으로 생활을 해야 친구도 사귀고 전공

공부도 도와가면서 할 수 있을 거예요.

1. 자기 소개를 쓰십시오.

01. 친구들에게 여러분을 소개합니다. 〈보기〉와 같이 다음 내용을 먼저 정리하십시오.

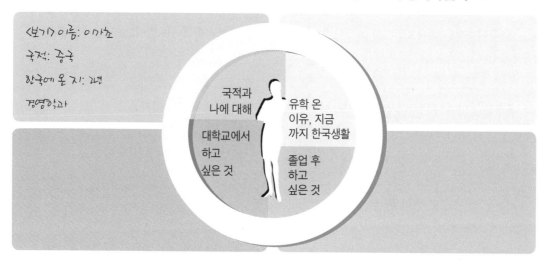

〈보기〉이름: 이가쵸
국적: 중국
한국에 온 지: 2년
경영학과

국적과 나에 대해
유학 온 이유, 지금까지 한국생활
대학교에서 하고 싶은 것
졸업 후 하고 싶은 것

〈보기〉 내 이름은 이가쵸이다. 나는 중국사람이다. 나는 한국에 온 지 2년이 되었다.
나는 경영학과 학생이다.

02. 자기 소개를 씁니다. 다음 빈칸에 알맞은 말을 쓰십시오.

① 국적과 나에 대해	내 이름은 ☐☐☐이다. 나는 ☐☐☐이다. 나는 한국에 온 지 ☐☐☐이 되었다. 나는 ☐☐☐년도에 입학한 ☐☐☐☐☐☐☐이다.
② 유학을 온 이유	나는 ☐☐☐부터 ☐☐☐☐☐☐서 한국에 관심이 많았다. ☐☐☐에 대해서 배우고 한국에서 ☐☐☐도 전공하고 싶어서 한국으로 유학을 왔다.
③ 지금까지 한국 생활	한국에서 ☐☐☐동안 ☐☐☐을/를 공부했다. ☐☐☐고 싶었다. 주위에 ☐☐☐많아서 잘 지낼 수 있었다.
④ 대학교에서 하고 싶은 것	대학교에서 ☐☐☐에 대해 많이 배우고 싶다. 나는 ☐☐☐취미여서 ☐☐☐에 관심이 있다. 그리고 나는 대학교에서 ☐☐☐고 싶다.
⑤ 졸업 후 하고 싶은 것	졸업 후에는 ☐☐☐☐☐☐☐하고 싶다.

2. 친구 소개를 쓰십시오.

03. 친구에게 다음 내용을 질문하십시오. 그리고 문어체로 친구를 소개하는 글을 쓰십시오.

질 문	대 답
이름이 무엇인가?	
어느 나라 사람인가?	
몇 년도에 입학한 몇 학번인가? 무슨 전공인가?	
한국에 온 지 얼마나 되었는가?	
왜 한국으로 유학을 왔는가?	
지금까지 한국 생활이 어땠는가?	
대학교에 입학해서 하고 싶은 것은 무엇인가?	
졸업 후에 하고 싶은 것은 무엇인가?	
동기와 선배들에게 부탁하고 싶은 것은 무엇인가?	

내 친구 [＿＿＿] 소개

내 친구 [＿＿＿] 은/는 [＿＿＿] 년에 [＿＿＿] 에서 왔다.

신입생	freshman	新生
입학생	freshman	新生
새내기	freshman	新手
오리엔테이션	orientation	入学教育
입학식	matriculation ceremony	入学仪式
모교	alma mater	母校
동기	classmate	同期同学
동문	alumnus, alumna	校友
선배	superior	前辈/学兄
전문인	specialist, expert	专业人士
지식인	intellectual, clerisy	知识分子
인재	talented person	人才
교양을 갖추다	have culture	具有教养
경험을 쌓다	get experience	积累经验
생략	ellipsis	省略
줄임 표현	abbreviation	减少的表达
담화표지	discourse marker	话语标志
품사	part of speech	词类

문장의 주성분

주어와 서술어

- 문장은 아무리 간단해도 반드시 주어와 목적어와 서술어가 있다. 주어는 '누가'나 '무엇이'로 문장에서 주인의 역할을 한다. 한국어에서는 주어에 '-이/가/께서'가 붙는다. 서술어는 '어찌하다, 어떠하다, -이다'에 해당하는 말로 주어의 상태나 동작을 나타내는 말이다. 목적어는 '무엇을'에 해당하는 말로 서술어의 대상이 된다. '-을/를'이 붙는다. 서술어에 따라 목적어가 필요 없는 것도 있다.

① 누가(무엇이) + 어찌하다 　　예 민호가　갑니다.
② 누가(무엇이) + 어떠하다 　　예 꽃이　예쁩니다.
③ 누가(무엇이) + 무엇이다 　　예 이분이　한국사람입니다.

①에서 '먹습니다'는 '어찌하다'인 동사, ②에서 '예쁩니다'는 '어떠하다'인 형용사이다. ③에서 '입니다'는 조사이다. 동사, 형용사 '-이다' 조사를 서술어라고 한다.

목적어와 보어

- 어떤 서술어는 목적어가 있어야 한다. 예를 들어 '먹다'는 '무엇을'이 필요하다. '무엇을', '누구를'을 목적어라고 한다. 그리고 서술어가 '되다', '아니다'일 때 주어 앞에 '누가, 무엇이'를 '보어'라고 한다.

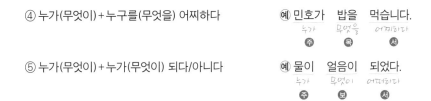

④ 누가(무엇이) + 누구를(무엇을) 어찌하다 　　예 민호가　밥을　먹습니다.
⑤ 누가(무엇이) + 누가(무엇이) 되다/아니다 　　예 물이　얼음이　되었다.

NOTE

03

문장 정확하게 쓰기

01. 여러분은 대학교에서 무슨 강의를 듣고 있습니까?

02. 알맞은 것을 찾아서 연결하십시오.

1) 대학생의 기초교육을 위한 강의   •   • 휴강

2) 전공을 알기 위해 수강하는 강의   •   • 교양

3) 공휴일 등에 강의가 쉬는 것   •   • 공강

4) 강의를 듣기 위해 신청하는 것   •   • 수강 신청

5) 강의 시간 사이의 쉬는 시간   •   • 전공

03. 다음 문장의 의미는 어떻게 다릅니까?

① 키도 크다   ② 키만 작다   ③ 키만 크다   ④ 키도 작다

조사는 어떤 특징이 있습니까?

❶ 조사

- 한국어 문장은 단어의 순서가 자유로운 대신에 조사를 사용하여 정확한 의미를 표현하고, 문장에서 의미를 강조한다. 조사는 말을 할 때는 생략할 수 있지만 글을 쓸 때는 꼭 써야 한다.

  > 예 구어 : 나 지금 수강신청 하러 학교 가
  >
  > 문어 : 나는 지금 수강신청을 하러 학교에 간다.

- 조사는 혼자 사용할 수 없고 앞말에 붙어서 문법을 표시한다.

- 문법을 표시하는 조사는 주어, 목적어, 서술어 뒤에 온다. 특별한 의미를 더하는 조사는 문장의 정확한 의미를 전달하기 위해서 사용한다.

- 다른 조사와 함께 사용할 수 있는 조사도 있다.

  > 예 집에서부터 학교까지는 걸을 수 있다. (○)
  >
  > 이번 학기는 공강 시간이도 많다. (×)

나, 친구, 과제, 한다

나와 친구는 과제를 한다

나는 친구의 과제를 한다

나도 친구도 과제는 한다

나만 친구의 과제를 한다

나랑 친구가 과제를 한다

나도 친구의 과제를 한다

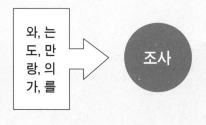

01. 다음을 읽고 조사의 특징으로 맞는 것을 모두 고르십시오.

① 조사 중에서 '이다' 혼자만 활용할 수 있다.
② 조사는 혼자서 사용할 수 있고 뜻을 가진다.
③ 한국어는 말할 때 조사를 꼭 사용해야 한다.
④ 조사는 혼자서 사용할 수 없고 다른 말에 붙어서 사용한다.
⑤ 조사는 생략할 수 있지만 정확한 의미를 위해서는 사용해야 한다.

02. 다음 문장에서 조사를 골라서 〈보기〉와 같이 쓰십시오.

1) 영이가 식당에서 밥을 먹습니다.
〈보기〉 조사

2) 영이는 자주 식당에 갑니다.

3) 민호도 수지와 같은 대학생입니다.

03. 다음 질문에 맞는 조사를 고르십시오.

1) 단어를 주어로 만들어 주는 조사를 고르십시오.

① -이/가   ② -을/를   ③ -만   ④ -와

2) 문장에서 특별한 뜻을 더하는 조사를 고르십시오.

① -에서   ② -은/는   ③ -이다   ④ -을/를

어떤 조사가 있습니까?

❶ -이/가

- 주어 뒤에 오는 조사 '-이/ 가'가 있다. 높임법은 '-께서'를 사용한다.

  ㉠ 왕리가 등산을 합니다.   아버님께서 등산을 하십니다.

  〈참고〉 나 + 가 → 내가   저 + 가 = 제가   누구 + 가 = 누가

- 형용사 앞에 사용한다. '-되다/아니다' 앞에 사용한다.

  ㉠ 대학교 선배들이 친절합니다.

  리타는 대학생이 아니고 대학원생입니다.

❷ -은/는

- 문장에서 중요한 주제, 화제를 대조, 강조할 때 '-이/가' 대신 '-은/는'을 사용한다.
  예를 들어, 자기를 소개할 때는 '저는'을 쓴다.

  ㉠ 저는 신입생 왕리라고 합니다. 한국에 온 지 1년 되었는데 한국은 여름은 덥고 겨울은 춥습니다.

- 글에서 주어가 두 개 이상일 때 첫 번째 '-이/가', 두 번째 '-은/는'을 사용한다. '-은/는'
  은 다른 조사와 함께 사용할 수 있다.

  ㉠ 한국 대학교가 큽니다. 한국 대학교는 학생이 많습니다. 한국 대학교에는 다양한 국가에서 온 학생들이
  있습니다.

❸ -을/를

- '먹다, 배우다'처럼 목적어가 꼭 필요한 동사가 있다. 목적어 뒤에는 '-을/를'을 쓴다.

  ㉠ 왕리가 사과를 좋아합니다.

  대학은 지식을 배우는 곳이다.

❹ -에게, -한테, -께

- 사람, 동물의 소속이나 위치를 나타낸다.

  ㉠ 왕리에게 친구가 많다. 친구들이 왕리한테 선물을 주었다.

- 행동의 영향을 받는 사람이나 동물을 나타낸다.

  ㉠ 모르는 것이 있으면 선배에게 질문합니다. 선배가 신입생에게 학교 안내를 해줍니다.

- '-에게'는 문어체, '-한테'는 구어체, '-께'는 높임법에서 사용한다.

  ㉠ 문어 : 왕리가 교수님께 책을 받아서 나에게 주었다.

  구어 : 왕리가 교수님께 책을 받아서 저한테 주었어요.

01. 〈보기〉와 같이 "-가/이"와 "-은/는" 중에서 알맞은 조사를 쓰십시오.

> 〈보기〉 이것은 책상이 아닙니다.

① 가: 가초 씨, 저분□ 친구입니까? / 나: 아니요. 저 사람□ 제 친구□ 아닙니다.
② 가: 누□ 왕리입니까? 저분입니까? / 나: 아니요. 저분□ 왕리□ 아닙니다.
③ 누□ 좋습니까? / 밍밍 씨□ 좋습니다. 밍밍 씨□ 제 중국인 친구입니다.
④ 저□ 회사원이고, 제 동생□ 학생입니다.

02. 〈보기〉와 같이 알맞은 말을 쓰십시오.

> 〈보기〉 신입생이 강의를 듣는다.

① 선배가 □□□□□ 도와준다.
② 듣고 싶은 □□□□□ 선택해서 수강신청 한다.
③ 1학년 때 □□□□□ 잘못해서 □□□□□ 많이 들었다. 무척 힘들었다.

03. 〈보기〉와 같이 문장에 알맞은 조사를 쓰십시오.

> 〈보기〉 내가 왕리를 처음 만났을 때 왕리는 신입생이었다.

① 집에서 학교까지 거리□ 멀면 9시 강의□ 피하는 것□ 좋다.
② 대학생□ 개강 전에 직접 수강신청□ 해야 한다. 신입생 오리엔테이션□ 참석해야 수강 신청 방법□ 알 수 있다.

04. 〈보기〉와 같이 문장에 알맞은 조사를 쓰십시오.

> 〈보기〉 앞으로 선배들에게 많은 것을 배우고 후배들에게는 친절한 선배가 되기를 바란다.

① 왕리가 나□ 친구□ 소개해 주었는데 요즘 그 친구□ 많은 것□ 배운다.
② 앞으로 여러분□ 우리 대학교 학생이라는 이름표□ 언제나 함께 할 것□.
③ 수강 신청□ 하기 전에 선배□ 질문해서 강의 정보□ 미리 알아 두거나 과사무실에서 안내□ 받을 수도 있다.

❺ **-에**

- 도착하는 공간과 시간을 나타낸다. '-에 있다/없다', '-에 가다/오다/도착하다'로 사용한다.

  (예) 지금은 도서관에 없다. 도서관에서 3시에 만나요.
  이 비행기는 인천에 간다. 인천에 가는 비행기에 사람이 없다.

❻ **-에서**

- 행동을 하는 장소를 나타낸다. '-에서 -하다'로 사용한다. 행동의 시작을 나타낸다.

  (예) 왕리는 도서관에서 공부한다. 집에 올 때는 학교에서 집까지 버스를 탔다.

❼ **-으로/로**

- 방향, 재료, 수단을 나타낸다. 움직이는 방향을 나타낸다.

  (예) 앞으로 가세요.
  콩으로 두부를 만든다.
  인터넷으로 비행기표를 싸게 사서 제주도를 간다.

❽ **-와/과, -이랑/랑, -하고**

- 단어와 단어를 연결해 준다. '-와/과'는 문어체에서 주로 사용하고, '-하고'는 문어체, 구어체에서 사용한다. '-이랑/랑'은 구어체에서만 사용한다.

  (예) 과대표는 음료수만 준비했고, 왕리가 교통편하고 숙소와 식당까지 모두 알아보았다.
  나와 동기들은 회비만 냈다.

❾ **-의**

- 앞과 뒤의 명사의 관계가 일부분이나 소유일 때 사용한다. 외국어를 한국어로 번역할 때 많이 사용한다.

  (예) 내 친구의 가방
  그녀의 따뜻한 손

❿ **-이다**

- 명사, 대명사, 수사 뒤에 붙어서 서술어로 만들어 준다. '서술격조사'라고 부른다.

  (예) 지금은 여름이다. 여름이어서 덥다.
  나는 미국 사람이고 존슨은 미국 사람이 아니다.

05. 다음 중 조사가 맞는 문장을 모두 고르십시오.

① 민호가 학교에 간다.　　　　② 민호가 학교에서 간다.

③ 학교 도서관에 책을 읽는다.　④ 학교 도서관에서 책을 읽는다.

06. 〈보기〉와 같이 문장에 알맞은 조사를 쓰십시오.

> 〈보기〉　나는 아침 일찍 공항버스로 공항에 가서 친구를 만났어요.

① 나는 부산　　　가는 버스　　가방　　두고 내렸어요.

② 나　　지금 과사무실　　간다. 도서관 앞　　　3시　　만나자.

③ 나　　요리하다가 손　　밀가루가 묻어서 화장실　　손　　씻으러 갔어요.

④ 이번 여행　　먼저 버스　　부산　　가고 그 다음　　배　　제주도　　갈 계획이다.

07. 〈보기〉와 같이 단어와 알맞은 조사를 사용하여 문어체로 문장을 완성하십시오.

> 〈보기〉　선배, 후배, 학교, 안내하다.
> 　　⇨ 선배가 후배에게 학교를 안내한다.

① 왕리, 도서관, 책, 빌리다.

　⇨ _____

② 수강 신청 전, 선배, 물어보다.

　⇨ _____

③ 선배, 신입생, 전공책, 빌려주다.

　⇨ _____

④ 총장님, 신입생, 대학생활, 연설하다.

　⇨ _____

조사를 정확하게 알고 쓰는 연습을 합니다.

01. 다음은 대학교에서 수강 신청하는 방법입니다. 〈보기〉와 같이 이 글에서 조사를 찾으십시오.

새내기들 대학 시간표는 이렇게 준비하라!

〈보기〉

고등학교<u>는</u> 학교에서 만들어 준 시간표로 공부하면 된다. 하지만대학교는 학기 전에 듣고 싶은 강의를 선택해서 스스로 시간표를 짜야 한다. 만약 늦게 신청하는 경우, 수강하고 싶은 과목을 못 들을 수 있다.공강 시간이 너무 많아서 오래 기다릴 수 있다. 교양 과목과 전공 과목을제대로 몰라서 그 다음 학기에 재수강하는 학생도 있다. 선배에게물어봐서 미리 수강 신청 방법을 알아 두어야 한다.

수강 신청 전

새내기는 오리엔테이션에서 강의에 대해서 미리 알아 둔다. 또는 선배에게 정보를 들을 수도있다. 대학교에서는 수강신청 안내책 또는 홈페이지에서 안내를 받을 수 있으니 미리 찾아본다. 수강신청은 학교 홈페이지에서 하는데, 자신의 학번과 수강신청 방법을 알아야 한다. 그리고 신입생이 꼭 들어야 하는 교양필수 강의가 무엇인지 알고 있어야 한다.

수강 신청 할 때

인기 있는 강의는 1분 만에 수강신청이 마감될 수 있다. 수강 신청 하는 날은 몇 시부터 대학교 홈페이지에 로그인 할 수 있는지 알아 놓고 컴퓨터 앞에서 기다린다. 수강 신청을 하기 전에 시간표를 미리 짜 본다. 수강신청 전에 어떤 교양과목을 수강해야 하는지, 어떤 전공 과목을 수강해야 하는지 먼저 알아본다. 그리고 어떤 교수님이 강의하는지, 어떤 과제가 있는지 내가 공부할 수 있을지를 생각하고 신청해야 한다. 1학년은 전공과목을 많이 듣지 않지만 전필과 전선을 잘 모르는 경우 꼭 학과사무실에 물어보고 해야 한다.

02. 〈보기〉와 같이 틀린 조사를 맞게 바꾸십시오.

'아침을 일어나기 힘든 생활 습관을 가지고 있습니까?', '학교까지 거리는 멉니까?'

〈보기〉 (에)

그러면 9시부터 시작하는 강의가 듣지 않는 것가 좋다. 기숙사에 살거나 학교과 거리는 가깝다면

매일 강의를 들을 수이도 있다. 하지만 거리가 멀면 하루에 강의가 없는 공강으로 해 놓는 것이 좋다.

대학생이 고등학생보다 강의가 적지만 아주 바쁘다. 대학생에는 강의마다 여러가지 과제이 주어

진다. 강의이 듣기만 하지 않는다. 실습을 하는 강의이도 있고 팀이 모여서 토론 해야하는 강의이도

있다.

그리고 대학교는 같은 건물에 강의가 듣지 않고 강의마다 강의실은 다르기 때문에 강의실와 강의실

사이의 거리는 생각해야 한다. 그래서 강의 시간표는 자기에 맞게 짜야 한다.

03. 〈보기〉와 같이 알맞은 조사를 쓰십시오.

〈보기〉

졸업을 하기 위해서 필수 과목___ 들어야 한다. 대학교___ 필수로 공부해야 하는 강의와 선택

할 수 있는 강의___ 있다. 친구들과 같이 4학년 때 졸업하고 싶으면 몇 학점___ 따야 졸업할 수

있는지, 어떤 강의___ 꼭 들어야 되는지 학과사무실_____ 확인해야 한다. 학과사무실

___ 확인하기 어려우면 같은 학번 동기나 선배들____ 묻도록 한다.

수강 신청 방법을 쓰십시오.

01. 수강 신청 방법에 대한 질문입니다. 〈보기〉와 같이 대답하십시오.

〈보기〉 수강 신청 방법 선배 홈페이지 로그인 학번 수강 신청 화면
학년 전공 과목 1학년 학점

수강 신청 방법을 어떻게 배웠습니까?	나는 〈보기〉 수강 신청 방법 을/를 신입생 때 선배 에게 배웠다.
1) 수강 신청을 하기 전에 알아야 하는 것은 무엇입니까?	☐ 에 로그인 전에 ☐ 을/를 알아야 한다.
2) 수강 신청을 할 때 가장 먼저 무엇을 해야 합니까?	☐ 에 먼저 ☐ 을/를 선택하고 ☐ 을 선택한다.
3) 수강 신청 할 때 주의할 것은 무엇이 있습니까?	☐ 을/를 너무 많이 신청하면 안 된다. ☐ 에 ☐ 을/를 너무 많이 들으면 안 된다.

02. 수강 신청에 대한 글입니다. 조사를 잘 살펴보고 다음 빈칸에 알맞은 표현을 쓰십시오.

[쓰기 전 주의하기]

① 문어체 표현으로 씁니다.
② 주어와 서술어를 정확하게 씁니다.
③ 조사를 정확하게 씁니다.

나는 수강 신청 방법을 〈보기〉 신입생 때 과사무실 에서 배웠다.
☐ 을/를 하기 전에 ☐ 을/를 알아야 한다.
☐ 을/를 먼저 신청한 후에 다른 과목을 신청한다.
1학년은 ☐ 을/를 많이 신청하는 것이 좋다. 대학은 ☐ 을/를 많이 하는 것이 좋다. 하지만 1학년 때는 ☐ 을/를 해보는 것도 좋다. 1학년은 자신의 ☐ 을/를 알아보는 것도 좋다.
2학년은 1학년 때보다 ☐ 을/를 많이 수강해서 졸업을 무사히 할 수 있게 ☐ 을/를 딴다.

03. 후배에게 수강 신청을 할 때 좋은 방법을 알려 주십시오.

[쓰기 전 질문]

① 수강 신청 전에 무엇을 준비하는 것이 좋습니까?
② 수강 신청을 할 때 주의할 것은 무엇이 있습니까?
③ 1학년 때는 어떤 과목을 주로 수강하는 것이 좋습니까?
④ 왜 그 과목을 수강하는 것이 좋습니까?

공강	between classes	没课
휴강	cancel a class	停课
학점	credit	学分
교양필수(교필)	culture mandatory	教养必修
교양선택(교선)	liberal choice	教育选择
전공필수(전필)	Required major course	专业必修课
전공선택(전선)	major selection	选择专业
수강 신청을 하다	register for courses	选课
시간표를 짜다	make out a schedule	时间表
학점을 따다	earn credits	获得学分
재수강	course retake	重修
수강	take a class	听课
과목	subject, course	科目
학번	generation	学号
비밀번호	password	密码
로그인	login	登录
전혀	completely, absolutely	全然
무사히	safely, all right	平安无事地

문장의 부속 성분

관형어와 부사어

- 부속 성분은 문장의 기본 의미에 변화를 주지 않는다. 하지만 문장에서 주성분만 있으면 기본적인 의미만 알 수 있다. 주성분을 자세히 설명해 주는 부속 성분이 있어야 의미를 정확하고 더 자세하게 알 수 있다. 부속 성분에는 '관형어', '부사어'가 있다.
- '관형어'는 '새 가방의', '새'와 같이 체언(명사, 대명사, 수사)을 자세히 설명해 준다. 부사어는 서술어를 자세히 설명해 주지만 가끔은 명사나 같은 부사를 설명해 주기도 한다.

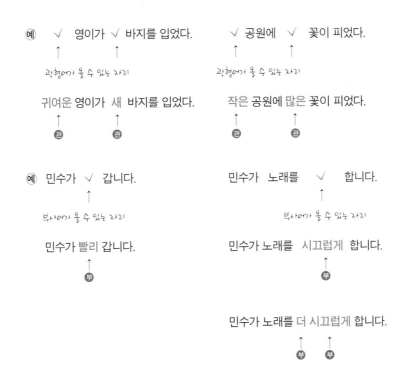

NOTE

04

문장과 문장 연결하기 (1)

 학습목표 ✿   문장과 문장을 연결하여 긴 문장을 구성한다.

◆ 주제: 대학생활
◆ 표현: -기 때문에, -고, -아/어/여서, -(으)나, -(으)니, -(으)므로, -지만, 그래서, 그러므로, 그렇기 때문에, 그렇지만, 그리고, 하지만
◆ 쓰기: 적성과 진로 선택

01. 여러분은 어떤 성격입니까? 질문에 '예'로 가장 많이 대답한 유형을 고르십시오.

	예	아니오	성격유형		전 공
복잡한 것은 싫다.	☐	☐	현실형	→	기계공학과, 컴퓨터공학과, 정보통신공학과, 경찰학과
결과가 보이는 일을 하는 것이 좋다.	☐	☐			
혼자서 일하는 것이 좋다.	☐	☐			
책 읽기를 좋아한다.	☐	☐	탐구형	→	생물학과, 생명과학과, 의학과, 약학과
한 가지를 오래 생각하기 좋아한다.	☐	☐			
알고 싶은 것이 많다.	☐	☐			
새로운 것을 생각하기 좋아한다.	☐	☐	예술형	→	음악학과, 애니메이션학과, 디자인학과, 무용학과, 연극영화학과
처음 보는 음식도 잘 먹는 편이다.	☐	☐			
다른 사람들과 생각이 다른 편이다.	☐	☐			
친구들이 많은 편이다.	☐	☐	사회형	→	국어국문학과, 국어교육과, 유아교육과, 간호학과, 사회복지학과, 심리학과
처음 만나는 사람들과 잘 이야기 하는 편이다.	☐	☐			
다른 사람을 잘 도와주고 잘 이해하는 편이다.	☐	☐			
다른 사람이 내 말을 듣도록 하는 것이 좋다.	☐	☐	진취형	→	경영학과, 행정학과, 국제통상학과, 신문방송학과
모임에서 내가 팀장이 되는 편이다.	☐	☐			
일을 할 때 적극적으로 하는 편이다.	☐	☐			
새로운 것보다 오래된 것이 좋다.	☐	☐	관습형	→	회계학과, 금융학과, 문헌정보학과
한번 물건을 사면 오래 사용할 수 있는 것이 좋다.	☐	☐			
자주 바뀌는 것보다 익숙한 것이 좋다	☐	☐			

02. 위의 표에서 여러분의 성격과 전공이 맞습니까? 각 성격 유형은 어떤 전공과 직업을 선택하면 좋습니까?

전공

직업

한국어의 문장은 어떻게 확장할 수 있습니까?

❶ 주어와 서술어

민수가　피아노를　친다.
주어　　목적어　　서술어

• 주어는 문장의 주인이다, 서술어는 주어를 설명한다. 목적어는 동사가 나타내는 행위의 대상이다. 이 세 가지는 문장에서 꼭 필요하다.

❷ 단문

민수가　영이를　만났다.　민수가　순이를　만났다.
주어　　목적어　서술어　　주어　　목적어　서술어

• 단문은 주어와 서술어가 하나만 있는 문장이다.

❸ 복문

> 긴 문장을 만들기 위해서
> '-지만, 고'로 연결한다.
> '-지만, 고'는 연결어미이다.

민수가　영이를　만났고　순이를　만났다.

주어　　목적어　서술어　　목적어　서술어

• 복문은 주어와 서술어가 하나 이상 있는 문장이다. 내용이 더 풍부해지기 때문에 문어체는 복문을 많이 사용한다.

> 복문은 '민수가 영이를 만났고
> 헤어진 후에 영이를 만날 수도 있고,
> 민수가 순이를 만났다(동시에)
> 영이를 만났다.' 와 같은 내용이
> 더 있을 수 있다.

01. 다음 두 글 읽고 비교하십시오. ❷번의 글은 단문을 어떻게 복문으로 만들었습니까? 〈보기〉와
같이 문장을 연결하는 표현을 찾으십시오.

〈보기〉

❶ 나는 책보다는 노래를 좋아한다. 어릴 때부터 합창단에서 노래를 했다. 지금은 노래 동아리에서 기타를 연주하고 있다. 여러 사람을 만나고 공연을 준비할 때 힘들다. 공연 준비가 재미있다. 선배가 나에게 말했다. 대학교는 학점도 중요하다. 공부도 열심히 해야 한다고 말했다. 일학년 때는 너무 재미있는 일들이 많다. 공부보다 사람들을 많이 사귀고 싶다. 현장에서 많이 배우고 싶다.

⇨

❷ 나는 책보다는 노래를 좋아해서 어릴 때부터 합창단에 노래를 했고 지금은 노래 동아리에서 기타를 연주하고 있다. 여러 사람을 만나고 공연을 준비할 때 힘들지만 재미있다. 선배가 나에게 대학교는 학점도 중요하므로 공부도 열심히 해야 한다고 말했다. 그렇지만 일학년 때는 너무 재미있는 일들이 많기 때문에 공부보다 사람들을 많이 사귀고 현장에서 많이 배우고 싶다.

단문: 나는 책보다는 노래를 좋아한다. + 어릴 때부터 합창단에서 노래를 했다.
   + 지금은 노래 동아리에서 기타를 연주하고 있다.

복문: [나는 책보다는 노래를 좋아]해서 [어릴 때부터 합창단에 노래를 했]고
   [지금은 노래 동아리에서 기타를 연주하고 있다.]

문장을 어떻게 연결할 수 있습니까?

문장 (주어 + 서술어)	+ 연결어미 + + 연결표지 +	문장 (주어 + 서술어)

❶ -고, -아/어/여서, 그리고

- 두 문장을 순서대로 나열한다. 순서를 바꿔도 의미가 달라지지 않는다. 긴 문장을 연결할 때는 '그리고'를 쓴다.

  ㉔ 왕리는 1, 2학년 때는 교양강의를 많이 들었고 3학년 때는 전공 강의를 많이 들었다. 그리고 4학년 때는 취업준비로 바빠서 강의를 적게 신청했다.

- 동사와 형용사 뒤에 붙어서 시간의 순서대로 문장을 연결한다.

  ㉔ 리타는 밥을 먹고 이를 닦았습니다.
  왕리는 도서관에 가서 공부를 합니다.

- 앞뒤 문장 사이에 관계가 적으면 '-고'를 쓰고 관계가 있으면 '-아/어/여서'를 쓴다.

  ㉔ 나는 졸업식이 끝나고 친구들을 만날 것이다.
  나는 과사(과사무실)에 가서 수강신청을 했다.

01. 〈보기〉와 같이 문장을 연결하십시오.

> 〈보기〉 이번 주에 기말 발표가 있다. 이번 주에 기말 보고서도 제출해야 한다.
>
> ⇨ 이번 주에 기말 발표가 있고 기말 보고서도 제출해야 한다.

① 내 미래를 생각했다. 전공을 선택했다.

⇨ _____

② 어제 선배를 만났다. 시험에 대한 정보를 들었다.

⇨ _____

③ 선배들에게 취업에 대해 이야기했다. 선배들에게 여러 가지 조언을 들었다.

⇨ _____

❷ -아/어/여서, -기 때문에, 그래서, 그렇기 때문에

• 앞 문장이 뒷 문장의 원인이나 이유가 되도록 연결한다.

　　예 리타는 요리하기를 좋아해서 요리사가 되기로 했다. 나는 전공이 적성에 맞았다. 그래서 대학원
　　　에 진학하려고 한다. 왕리는 전공이 적성에 맞지 않았기 때문에 전공을 바꾸기로 했다. 자신의 적
　　　성을 알아야 자신에게 맞는 전공을 선택할 수 있다. 그렇기 때문에 나는 취업 전에 직업 적성검사
　　　를 하려고 한다.

• '-아/어/여서'는 과거와 미래를 함께 쓸 수 없다.

　　예 옷이 작겠어서 환불을 할 것이다. (×)
　　　전공이 적성에 맞았어서 열심히 공부를 했다. (×)

• 명령문이나 청유문에는 사용할 수 없다.

　　예 다들 바빠서 같이 도와줘. (×)
　　　다들 바쁘기 때문에 너가 도와줘 (×)

• '-기 때문에'는 특별한 상황이거나 원인과 이유를 좀 더 강조할 때 사용한다. '-았/었' *특별한 상황이*
　과 같은 과거와 사용할 수 있다. 문장의 맨 뒤에도 쓸 수 있다. *아니어서 어색하다*

　　예 민호는 적성이 전공과 맞기 때문에 대학원을 진학하기로 했다. (×)
　　　가초는 적성이 적공과 맞지 않았기 때문에 학교를 자퇴하기로 했다. (○)

• 좀 더 긴 문장을 연결할 때는 '그래서, 그렇기 때문에'를 사용한다.

　　예 다들 각자 생활을 하기 바쁘기 때문에 수강하는 과목이 다르면 같은 전공 동기도 만나기 힘들다.
　　　그래서/그렇기 때문에 대학에서 친구를 사귀려면 동아리에 가입하거나 학과 행사에 열심히 참여
　　　하지 않으면 안 된다.

02. 〈보기〉와 같이 문장을 연결하십시오.

〈보기〉 신입생이라서　　　●　　　　　　　　● 대학생활에 익숙하지 않다.

1) 책이 좋아서　　　　　　　●　　　　　　　● ① 밤을 새웠기 때문이다.

2) 보고서를 제출 안 했기 때문에　●　　　　　● ② 도서관에서 근무하고 싶다.

3) 오늘 아침에 못 일어난 이유는　●　　　　　● ③ F학점을 받았다.

03. 〈보기〉와 같이 문장을 연결하십시오.

> 〈보기〉 빨리 대학교에 입학하고 싶었다. 3급까지만 공부하고 입학하려고 한다.
> ⇨ 빨리 대학교에 입학하고 싶어서 3급까지만 공부하고 입학하려고 한다.

① 대학 강의는 조별과제가 많다. 동기들과 관계가 중요하다.

⇨ _____

② 이 강의는 선배들이 많이 수강한다. 좋은 학점을 받기 어렵다. 신청을 취소할 것이다.

⇨ _____

❸ -(으)니, -(으)므로, 그러므로

- 앞 문장이 뒷 문장의 이유나 판단의 근거가 되도록 연결한다. 구어체보다 문어체에서 사용한다.

  예 다음 주에 발표가 있으니 자료를 찾으러 도서관에 갈 것이다.
  사고와 표현은 대학 때 필요한 쓰기를 배우므로 1학년 때 꼭 수강해야 한다.

- '-(으)니'는 명령이나 청유의 문장에서 사용할 수 있다.

  예 시간이 없으니 서둘러 갑시다. (O)
  영화가 재미없으므로 보지 마십시오. (×)

  > -(으)니까도 비슷한
  > 의미이지만 구어체에서
  > 주로 사용한다.

- 긴 문장을 연결할 때는 '그러므로'를 사용한다.

  예 나는 1학년 때 결석을 자주 했고 학교에 오는 대신에 고등학교 친구들과 만나서 자주 술을 마셨다.
  그러므로 학점은 당연히 좋지 않았고 학교에 오면 아는 얼굴이 없어서 혼자서 밥을 먹었다.

04. 〈보기〉와 같이 알맞은 말을 써서 문장을 완성하십시오.

> 〈보기〉 오늘은 피곤하니 내일 이야기합시다.

① _____ 지각을 하지 않기 바랍니다.

② _____ 도서관에 가서 책을 읽으려고 한다.

❹ -(으)나, -지만, 하지만, 그렇지만

- 반대되는 내용으로 앞 문장과 뒷 문장을 연결한다.

  예) 도서관에 갔으나 공부하지는 않았다.
  열심히 공부했지만 학점이 좋지 않다.

- 앞의 내용은 맞지만 뒤의 내용과 별로 관계가 없을 때 연결한다.

  예) 나는 강의에 열심히 출석했으나 교수님 말씀을 이해할 수 없었다.
  감기는 쉬기만 해도 낫지만 약을 먹으면 좀 더 빨리 낫는다.

  > '-으나'는 문어체에서 주로 사용한다.

- '-(으)나'는 반대되는 동사나 형용사를 같이 써서 같은 결과가 생기는 것을 강조한다.

  예) 비가 오나 눈이 오나 강의에 결석하지 않았다.

- 좀 더 긴 문장을 연결할 때는 '하지만, 그렇지만'을 사용한다.

  예) 교수님께 질문을 하러 연구실로 찾아갔다. 하지만 교수님이 안 계셔서 질문을 못했다.
  대학생활에서 선배가 많은 도움을 준다. 그렇지만 동기들과 친하게 지내는 것도 중요하다.

  > '그렇지만'은 앞의 내용이 맞지만 뒤의 내용에 별로 관계가 없을 때도 문장을 연결할 수 있다.

05. 〈보기〉와 같이 문장을 연결하십시오.

〈보기〉 일찍 수강신청을 했다. 폐강된 강의가 있다. 수강신청을 다시 해야 했다.

⇨ 일찍 수강신청을 했으나 폐강된 강의가 있어서 수강신청을 다시 해야 했다.

① 지난 학기에 이 강의를 수강했다. 학점이 좋지 않아서 재수강 할 것이다.

  ⇨ _____

② 그 친구와 전공이 달랐다. 같이 듣는 교양이 많다. 그 친구와 친해졌다.

  ⇨ _____

문장을 연결하는 연습을 합니다.

01. 〈보기〉에서 알맞은 연결 표현을 골라 글을 완성하십시오.

〈보기〉   그리고   그렇지만   그렇기 때문에   그러므로   그래서

요즘 아르바이트를 하는 유학생이 많다. 아르바이트는 대학교를 다니면서 돈을 벌 수 있다는 것이 가장 큰 장점이다. ①_____ 한국어도 배우면서 다양한 사회 경험도 하고 여러 사람을 만날 수 있다. ②_____ 아르바이트를 많이 하면 취업을 할 때 경력이 된다. ③_____ 아르바이트는 공부할 시간에 일을 해야 한다. ④_____ 성적이 좋지 않을 수 있다. 또 아르바이트를 하면서 한국어를 배우거나 꼭 좋은 경험을 하는 것은 아니다. ⑤_____ 아르바이트를 하기 전에 먼저 그 장단점을 잘 생각해 보아야 할 것이다.

02. 〈보기〉에서 알맞은 연결 표현을 골라 문장을 연결하십시오.

〈보기〉   -았/었/였기 때문에,   -고,   -아/어/여서,   -(으)나,   -(으)니,   -(으)므로

① 대학교 강의를 들으려면 한국어를 잘해야 한다. 한국어부터 열심히 공부해야 한다.

⇨ _____

② 결석이 많다. 중간고사와 기말고사 점수가 안 좋다. 이번 학기 F학점을 받았다.

⇨ _____

③ 토픽 3급을 따면 입학할 수 있다. 나는 토픽 5급을 딴 후에 입학했다. 글쓰기를 잘하는 편이다.

⇨ _____

03. 〈보기〉와 같이 알맞은 표현을 골라서 문장을 쓰십시오.

〈보기〉 전공이 적성에 안 맞다.　　　　문헌정보를 전공하다.

디자인을 전공하다.　　　　　　애니메이션을 전공하다.

아픈 사람을 돕고 싶다.　　　　　숫자를 꼼꼼하게 잘 계산한다.

글쓰기를 좋아하다.　　　　　　독서를 좋아하다.

경영학을 전공하다.　　　　　　영화를 좋아하다.

⑩ 전공이 적성에 안 맞아 /어/여/서 자퇴를 했다.

① 나는 ＿＿＿＿＿＿＿ 아/어/여서 디자인관련 회사에 취업했다.

② ＿＿＿＿＿＿＿ 그래서 나는 회계학을 전공으로 선택했다.

③ 동기들은 보고서 쓰기를 싫어하나 나는 ＿＿＿＿＿＿＿

④ 부모님은 내가 법학과를 선택하기를 원하셨지만 ＿＿＿＿＿＿＿ 기 때문에 의과를 전공으로 선택했다.

⑤ 나는 만화를 좋아해서 ＿＿＿＿＿＿＿ 고 지금은 게임회사에서 애니메이션 관련 일을 하고 있다.

⑥ 나는 ＿＿＿＿＿＿＿ 아/어/여서 도서관에서 근무하고 싶었다. 그래서 ＿＿＿＿＿＿＿ 내 동생은 어릴 때부터 ＿＿＿＿＿＿＿ 아/어/여서 연극영화학과에 진학을 하고 싶어 했다. 하지만 부모님께서 반대했다. 그래서 ＿＿＿＿＿＿＿ 다가 자퇴를 했다.

적성과 진로에 대해서 쓰십시오.

01. 전공 선택과 진로에 대한 질문과 대답입니다. 이것을 보고 아래에 〈보기〉와 같이 쓰십시오.

질문	대답
자신의 성격과 흥미에 대해서 잘 아는 편입니까?	나는 내 성격과 흥미에 대해서 잘 모른다.
어릴 때부터 무엇을 하기 좋아했습니까?	나는 어릴 때 자전거를 수리하거나 컴퓨터 게임하기를 좋아했다.
어릴 때 무슨 일을 하고 싶었습니까?	컴퓨터 수리 기사가 되고 싶었다.
대학에 입학할 때 전공 선택을 누구와 상담했습니까?	대학의 전공 선택을 부모님과 상담했다.
대학의 전공을 누가 결정했습니까?	부모님이 전공을 결정하셨다.
전공을 선택한 이유는 무엇입니까?	부모님이 취업이 잘 되는 전공을 좋아하셨다.
지금 대학교 전공이 무엇입니까?	지금 경영학을 전공한다.
전공과 관련된 직업으로 무엇이 있습니까?	이 전공은 졸업 후에 보통 회사원이 된다.
지금의 전공에 만족합니까?	나는 지금의 전공 선택에 만족하지 않는다.
만족하는 이유(만족하지 못하는 이유)는 무엇입니까?	숫자를 자세히 보는 것은 내 적성에 맞지 않는다.
앞으로 전공 공부를 어떻게 할 생각입니까?	처음에 자퇴도 생각했다. 지금 생각으로 3학년 때 부전공으로 컴퓨터공학을 신청할 생각이다.
미래에 대한 자세한 계획이 있습니까?	졸업 후에 컴퓨터공학과 경제학과 관련된 회사에 취업을 하고 싶다.

나는 내 성격과 흥미에 대해서 〈보기〉 잘 모르는 편이다. 나는 어릴 때 ① _____ 을/를 좋아했다. 그래서 어릴 때 ② _____ 이/가 되고 싶었다. 대학에 입학할 때 전공 선택을 ③ _____ 상담했다. ④ _____ (이)기 때문에 이 전공을 결정하셨다. 그래서 지금 ⑤ _____ 전공한다. 이 전공은 졸업 후에 보통 ⑥ _____ 이/가 된다. 그렇지만 ⑦ _____ 은/는 내 적성에 ⑧ _____ (이)어서 나는 지금의 전공 선택에 ⑨ _____. 그래서 처음에 ⑩ _____ 지금 생각으로 ⑪ _____ 할 생각이다. 그리고 졸업 후에 ⑫ _____ 에 취업을 하고 싶다.

02. 전공 선택과 진로에 대한 질문입니다. 질문에 대답하고 여러분의 이야기를 쓰십시오.

질문	대답
자신의 성격이 어떻습니까?	
어릴 때 무슨 일을 하고 싶었습니까?	
대학의 전공을 누가 결정했습니까?	
전공을 선택한 이유는 무엇입니까?	
지금 무엇을 전공하고 있습니까?	
전공과 관련된 직업으로 무엇이 있습니까?	
지금의 전공에 만족합니까?	
만족하는 이유(만족하지 못하는 이유)는 무엇입니까?	
앞으로 전공 공부를 어떻게 할 생각입니까?	
미래에 대한 자세한 계획이 있습니까?	

[쓰기 전 주의하기]
① 문장은 '-ㄴ/는다'로 씁니다.　② 문어체 표현을 씁니다.
③ 조사를 정확하게 씁니다.　④ 연결 표현을 사용합니다.

경영학과	business administration department	经营系
행정학과	department of administration	行政学系
국제통상학과	department of international trade	国际通商专业
신문방송학과	department of mass communication	新闻广播学系
회계학과	an accounting department	会计学专业
금융학과	financial department	金融专业
문헌정보학과	department of dibrary and information science	文献信息学专业
심리학과	department of psychology	心理学
사회복지학과	department of social welfare	社会福祉学科
국어국문학과	department of korean language and literature	国语国文学科
국어교육과	korean language education	国语教育系
유아교육과	early childhood education	幼儿教育专业
애니메이션학과	illustration and animation	动漫专业
디자인학과	design department	设计系
음악학과	a music department	音乐系
무용학과	dance department	舞蹈系的
생물학과	department of biology	生物学课
생명과학과	department of life science	生物科学
약학과	department of pharmaceutical sciences	医学
간호학과	the department of nursing science	药学
기계공학과	department of mechanical engineering	护理学科
컴퓨터공학과	department of computer science	机械工程专业
정보통신공학과	department of information and communication engineering	计算机专业
자퇴하다	drop out of school	情报通信专业
전공을 바꾸다	change one's major	退学
적성에 맞지 않다	not fit in aptitude	转专业/半路出家
기계를 다루다	handle a machine	不适合自己
점수를 따다	get marks	操纵机器
전공을 선택하다	select major	拿到分数
폐강	close lecture	选择专业
미리	beforehand, in advance	取消讲课
경력	career, work experience	提前

띄어쓰기 검사기

인터넷에 띄어쓰기를 알려주는 검사기가 있다.

"우리말 배움터" 홈페이지에서 한글 맞춤법 검사기에는 들어가 보자. 글을 틀리게 쓰면 문법이나 띄어쓰기를 수정하여 보여준다.

http://urimal.cs.pusan.ac.kr/urimal_new/ 홈페이지의 한글 맞춤법. 문법 검사기

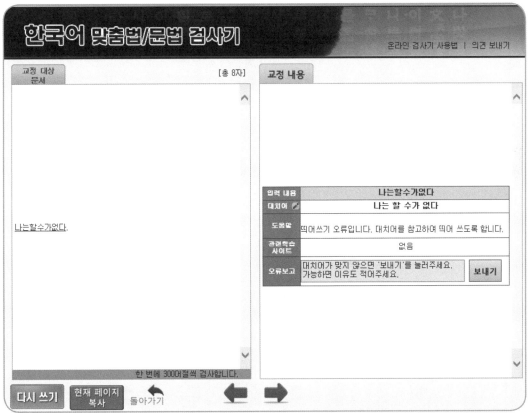

NOTE

05

문장과 문장 연결하기 (2)

문장을 관형절로 확장한다.
띄어쓰기를 정확하게 한다.
문장의 호응을 알고 쓴다.

◆ 주제:대학교의 시설
◆ 표현: -은, -는, -던, -을
◆ 쓰기: 대학교 시설 이용하기

01. 다음 질문에 대답하십시오.

1) 여러분이 지금 강의를 듣는 건물 이름은 무엇입니까?

2) 여러분의 대학교에는 무슨 건물이 있습니까?

3) 여러분의 대학에 어떤 편의 시설이 있습니까?

4) 대학교에서 여러분이 자주 이용하는 시설은 무엇이 있습니까?

02. 다음 중 맞는 문장을 모두 고르십시오.

1) 리타는 강아지를 <u>안았습니다</u>.	( )
2) 리타는 강아지를 <u>안겼습니다</u>.	( )
3) 리타는 과일을 <u>먹고</u> 커피를 마셨다.	( )
4) 리타는 과일과 커피를 마셨다.	( )
5) 교수님께서 댁으로 가셨다.	( )
6) 교수님이 집으로 갔다.	( )

> 주어와 서술어는 어울려야 한다.

> 서술어와 목적어는 서로 어울려야 한다. 문장에서 서술어가 목적어를 결정한다.

> 주어와 서술어의 높임법이 어울려야 한다.

리타가 강아지를 안았습니다.

강아지가 리타에게 안겼습니다.

아버지, 과일 드세요.

우진아, 과일 먹어.

1. 문장에서 띄어쓰기를 어떻게 합니까?

띄어쓰기   붙여쓰기

| 저 | 기 | 가 | ✓ | 내 | 가 | ✓ | 공 | 부 | 하 | 던 | ✓ | 도 | 서 | 관 | | 이 | 다 | . |

❶ 띄어쓰기

- 단어와 단어 사이는 띄어서 쓴다. 조사는 붙여서 쓴다.
- '-은', '-는', '-을', '-던' 뒤에서 띄어서 쓴다.

  예 왕리는✓떡을✓먹은✓적이✓없다.

- '이다'는 앞말과 붙여서 쓰고 '아니다'는 띄어서 쓴다.

  예 내✓이름은✓왕리이다.✓나는✓1학년이지만✓민호는✓1학년이✓아니다.

01. 다음 중 띄어쓰기가 맞는 것을 고르십시오.

1) ① 민호 가방에 들어간다.   ② 민호가 방에 들어간다.

2) ① 나는 먹던 것을 버렸다.   ② 나는 먹던것을 버렸다.

3) ① 아는 것이 힘 이었다.   ② 아는 것이 힘이었다.

02. 다음 문장을 원고지에 띄어쓰기에 맞게 쓰십시오.

1) 나는그선배를잘모른다. 얼굴만알뿐이다.

2) 대학교에입학한지도벌써한달이지났다.

2. 어떻게 문장을 확장할 수 있습니까?

❶ 문장 확장하기

> 예 ① 나는 소리를 들었다.
> ② 나는 비 소리를 들었다.
>   └── 단어
> ③ 나는 비가 오는 소리를 들었다.
>   └── 절

- ①은 무슨 소리인지 알 수 없다. ②에서 소리를 '비'로 설명했다. ③은 서술어가 두 개가 아니라 소리를 '비가 오는'으로 설명한다. 무슨 소리를 들었는지 가장 자세하게 설명하는 것은 ③이다. **관형절**은 명사를 설명하는 절이다.

❷ 관형절

- 관형절은 명사 앞에서 명사를 자세히 설명한다.

문장 +	'-은' [과거]	예	내가 먹은 빵이다.
	'-는' [현재]		내가 먹는 빵이다.
	'-을' [미래]		내가 먹을 빵이다.
	'-던' [과거, 회상]		내가 먹던 빵이다.

03. 다음 글에서 표시한 부분을 맞게 바꿔 쓰십시오.

내가 작년까지 다니던 고등학교는 건물 하나에서 500명의 학생이 공부를 했었다. 건물에는 교실과 학생식당, 선생님들이 ①계실 교무실이 전부였다. 그러나 지금 내가 ②다니던 대학교 캠퍼스는 학생들에게 필요한 다양한 편의시설이 ③많으셨다. 학생회관은 학생식당, 편의점, 커피숍, 은행이 있어서 편리하게 이용할 수 있다. 학생회관 맞은편에는 중앙도서관이 있어서 공부할 자료를 찾고 책을 ④읽는 수 있다.

어떻게 하면 긴 문장을 쓸 수 있습니까?

관형절 (-은, -는, -을, -던, -았/었/였던) + 명사			문장
	동사	형용사	명사+이다
과거	가다 → 갔던 먹다 → 먹었던	크다 → 컸던 작다 → 작았던	친구이다 → 친구였던 학생이다 → 학생이었던
	가다 → 간 먹다 → 먹은	크다 → 크던 작다 → 작던	
현재	가다 → 가는 먹다 → 먹는	크다 → 큰 작다 → 작은	친구이다 → 친구인 학생이다 → 학생인
미래	가다 → 갈 먹다 → 먹을		

01. 〈보기〉와 같이 관형절을 찾아서 표시하십시오.

> 〈보기〉 중앙도서관에서 대학생들이 공부할 자료를 찾을 수 있다.

① 나는 도서관에서 조는 민호를 보았다.
② 민호는 리타가 고향에서 돌아온 것을 모른다.
③ 나는 시험 기간에 공부할 책을 도서관에서 빌렸다.

02. 〈보기〉와 같이 맞는 것을 고르십시오.

> 〈보기〉 나는 친구에게 [예쁘던/예쁜/예쁘는] 고양이 한 마리를 선물했다.

① 저는 아침마다 잠을 [깨우는/깨우던/깨운] 음악을 들었어요.
② 어제 민호는 다음 주면 [졸업하던/졸업한/졸업할] 선배를 만났다.
③ 작년에 과사무실에서 [근무하던/근무하는/근무할] 조교는 신입생에게 친절했다.

❶ '-는' : 현재, 과거를 현재처럼

- 상황이 모두 과거이면 현재처럼 쓴다.

  ㉠ 나는 아침에 버스에서 조는 사람을 보았다.
- 습관처럼 반복되는 상황은 과거를 현재처럼 쓴다.

  ㉠ 저는 일년 전에 아르바이트로 식당에서 음식을 만드는 일을 했어요.
- '중, 동안, 도중'처럼 진행되는 상황은 과거를 현재처럼 쓴다.

  ㉠ 학생회관에 가는 도중에 친구를 만났다.
- '있다', '없다'는 '-는'을 사용한다.

  ㉠ 학생식당에서 점심으로 맛있는 비빔밥을 먹었다.

03. 다음 중 맞는 것을 고르십시오.

① 나는 대학교에서 [가깝운/가까운] 기숙사에 산다.

② 도서관에서 책을 [찾은/찾는] 중에 전화가 와서 받았다.

③ 학교에 다닐 때 아침이면 꼭 [마신/마시는] 우유를 저기서 샀다.

04. 〈보기〉와 같이 문장을 연결하십시오.

〈보기〉 이 노래가 인기가 있는 노래이다. 이 노래는 젊은 사람들이 많이 부른다.

⇨ 이 노래가 젊은 사람들이 많이 부르는 인기가 있는 노래이다.

① 학생회관에 동아리 방이 많다. 동아리 방에서 회원들이 모인다.

⇨ _____

② 도서관 4층에는 자료열람실이 있다. 자료열람실에서 필요한 자료를 읽을 수 있다.

⇨ _____

③ 학생증이 없으면 재학증명서가 있어야 도서관을 입장할 수 있다. 재학증명서로 학생인 것을 알 수 있다.

⇨ _____

❷ -은 : 과거

- 다 끝난 행동이나 상태를 '-은'으로 표현한다. 과거의 상태가 지속될 수도 있다.

  예 나는 다 읽은 책을 도서관에 반납했다.
  민호는 내가 방에 들어온 것을 모르고 크게 노래를 불렀다.

- '-적', '-후', '-뒤'와 같은 말의 앞에서 항상 과거로 쓴다.

  예 학교가 끝난 후에 친한 친구를 만났다.

❸ -던, -았/었/였던 : 과거, 회상

- '-던' 과거를 다시 생각할 때 '-던'으로 표현한다. 이 때는 과거와 현재가 끝나지 않은 상태이다.

  예 내가 읽던 책이 어디에 있지? *책을 다 읽지 않았다*
  내가 책을 읽던 자리가 생각난다. *지금도 가면 책을 읽을 수 있는 곳이다*
  내가 공부하던 도서관의 그 자리도 그대로일까? *회상하는 의미이다*

- 과거를 다시 생각할 때 '-았/었/였던'으로 표현한다. 이때는 과거와 현재가 끝난 상태이다.

  예 내가 읽었던 책이 어디에 있지? *책을 다 읽었다*
  내가 책을 읽었던 자리가 생각난다. *지금은 책을 읽을 수 없다*
  내가 공부했던 도서관의 그 자리도 그대로일까? *회상하는 의미이다*

❹ -을 : 미래

- 미래를 쓴다.

  예 우리 대학 학생식당에서는 자기가 먹을 음식은 직접 가지고 와야 한다.

- '-을+-이다'는 추측의 의미로 쓴다.

  예 왕리는 공강 시간에 음악을 들으러 여기로 다시 올 것이다.

- '때, 뻔, 기회, 뿐' 표현과 정도나 가능성의 의미는 시제에 관계없이 '-을'을 쓴다.

  예 어릴 때 광주에서 살았다. (○) / 어린 때 광주에서 살았다. (×)
  학교 앞 사거리는 교통사고가 날 가능성이 있다. (○)
  학교 앞 사거리는 교통사고가 난 가능성이 있다. (×)

05. 다음 중 맞는 것을 고르십시오.

① 후배들의 [따뜻한/따뜻하던] 마음을 안고 졸업식장을 떠났다.

② 내년 봄에는 친구와 함께 [걸은/걷던] 캠퍼스를 다시 걷고 싶다.

③ 대학생 때 책을 [빌리던/빌릴] 도서관도 그 자리에 그대로일까?

④ 지금은 편의점이지만 전에는 [우체국인/우체국이었던] 곳이다.

06. 다음 중 맞는 것을 고르십시오.

① 도서관에서는 [대출할/대출한/대출하던] 책과 학생증을 함께 내면 된다.

② 복사실은 강의를 [들을 때/듣는 때] 필요한 자료를 복사하는 곳이다.

③ 과제를 같이 [준비할/준비하는] 동기들과 도서관에서 만날 것이다.

④ 저는 일년 전부터 주말마다 [간/가는/갔던] 공원이 있어요.

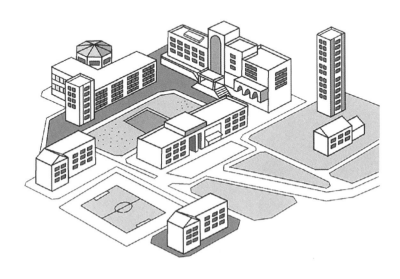

문장을 확장하는 연습을 합니다.

01. 〈보기〉에서 알맞은 표현을 골라서 문장을 확장하십시오.

〈보기〉 다양한 잡지를 볼 수 있다.   회원들이 모이다
      모여서 이야기하다.   두통처럼 가볍다.
      학생인 것을 알 수 있다.

    예) 도서관에 [다양한 잡지를 볼 수 있는] 정기간행물실이 있다.
           무엇을 하는가?

① 학생회관에는 [   ] 동아리 방이 있다.
        여기에 누가 모이는가?

② 보건소에서는 [   ] 병에 필요한 약을 준비해 놓고 있다.
        어떤 병인가?

③ 도서관 4층에는 조별과제 할 때 [   ] 회의실이 있다.
              여기서 무엇을 하는가?

④ [   ] 학생증이 있어야 도서관 입장이 가능하다.
    이것은 무엇인가?

02. 다음 그림을 보고 〈보기〉와 같이 설명하십시오.

이 사진이 내가 대학교에서 〈보기〉 자주 가던 도서관 앞이다. 사진을 보면 ① [   ] 친구가 있고, ② [   ] 친구도 있고, 노트북을 ③ [   ] 내가 있고, ④ [   ] 친구도 있다. 함께 공부하던 대학 시절로 다시 돌아가고 싶다.

03. 〈보기〉와 같이 문장을 확장하여 쓰십시오.

　　신입생, 재학생 여러분, 〈보기〉 공강시간에 읽을 　책을 찾고 있습니까? 공강이나 휴강 시간에
① ＿＿＿＿＿＿＿＿＿ 곳을 찾고 있습니까? 동기들과 과제를 해야 하는데 ② ＿＿＿＿＿＿＿＿＿
장소가 필요합니까?

　　그럼, 학생회관 맞은편에 있는 5층 건물! 중앙도서관으로 오십시오.

　　1층에서는 영화 DVD, 각종 ③ ＿＿＿＿＿＿＿＿＿ 멀티미디어실이 있습니다.

　　2층에는 과제에 ④ ＿＿＿＿＿＿＿＿ 논문 검색과 다양한 잡지를 볼 수 있는 정기간행물실,
인터넷을 할 수 있는 컴퓨터실이 있습니다. 3층에는 그룹 스터디, 회의를 할 수 있는 회의실과 ⑤
＿＿＿＿＿＿＿＿ 복사실이 있습니다. 4층에서는 다양한 책을 대출하고 열람할 수 있습니다. 5층
에는 조용히 책을 읽거나 ⑥ ＿＿＿＿＿＿＿＿ 열람실이 있습니다. 이 밖에도 여러분이 공부하는
데 필요한 다양한 서비스를 제공합니다.

　　이 모든 것을 이용하는데 이용료는 무료입니다! 학생증만 가지고 오면 됩니다.

　　도서관 이용 방법을 알고 싶으시면 다음과 같이 하십시오.

　　도서관 홈페이지 → 로그인 → 도서관 서비스 → 도서관 이용교육 → 이용교육 신청
→ 이용교육 신청 확인

도서관

멀티미디어실

컴퓨터실

회의실

열람실

대학교 시설 이용 방법을 쓰십시오.

01. 〈보기〉와 같이 대학교에서 자주 이용하는 시설에 대한 글을 쓰십시오.

질문	대답
어떤 건물(시설)을 자주 이용합니까?	운동을 좋아해서, 체육관을 이용
그 건물은 어디에 있습니까? 그 건물 몇 층입니까?	대학교 정문 근처, 4층 건물
그 건물에 무엇이 있습니까?	지하 헬스장, 1층 수영장, 2층 농구장, 3층 체육학과 사무실, 강의실, 4층 강의실, 옥상 테니스장
그 건물에서 무엇을 합니까? 누구와 함께 합니까?	친구들과 모여서, 농구
그 건물을 이용하려면 어떻게 해야 합니까?	한 달에 2만원 낸다 체육학과 강의가 없을 때 이용

나는 〈보기〉 운동을 좋아해 아/어/여서 ① [　　　　] 을/를 자주 이용한다. 이곳은 대학교 ② [　　　　] 근처에 있는 ③ [　　　　] 건물이다. 이곳의 지하는 ④ [　　　　] 을/를 할 수 있는 ⑤ [　　　　], 1층은 ⑥ [　　　　] 할 수 있는 ⑦ [　　　　], 2층은 ⑧ [　　　　] 을/를 할 수 있는 ⑨ [　　　　], 3층과 4층은 ⑩ [　　　　] 이/가 있는 ⑪ [　　　　] 와/과 ⑫ [　　　　] 할 수 있는 ⑬ [　　　　], 옥상에 ⑭ [　　　　] 수 있는 ⑮ [　　　　] 이/가 있다. 나는 ⑯ [　　　　] 그 건물에서 ⑰ [　　　　] 을/를 한다. 이곳은 ⑱ [　　　　] 이용할 수 있다.

02. 여러분은 대학교의 어떤 시설을 자주 이용합니까? 다음 〈보기〉와 같이 생각을 정리해 보십시오.

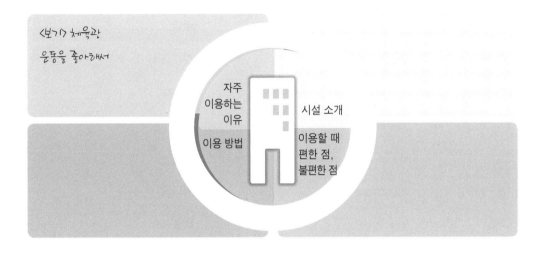

03. 자주 이용하는 대학교의 시설 이용 방법을 쓰십시오.

1) 자주 이용하는 시설, 자주 이용하는 이유	
2) 시설에 대한 소개	
3) 시설 이용 방법	
4) 이용할 때 편한 점	
5) 이용할 때 불편한 점	

검색	search	搜索
재학증명서	proof of enrollment	在校证明书
멀티미디어	multimedia	多媒体
시설	facilities	社论
논문	research paper, thesis	论文
복사실	photocopy room	复印室
학생회관	student union	学生会馆
열람실	reading room	阅览室
보건소	health center	保健所
스터디	study	学习小组
자료	material, reference	材料

문장부호

글에서 문장의 구조를 나타내거나 필자의 의도를 전달하기 위하여 사용하는 부호이다.

	부호	이름	사용 방법	예
문장 끝에 사용	.	마침표	문장의 끝에 쓴다.	나는 집에 간다.
			연월일이나 특별한 날을 나타낸다.	5.15. ~ 5.17. 3.1은 삼일절이다.
	?	물음표	질문하는 문장의 끝에 쓴다.	어디에 가니?
			불확실하거나 모르는 내용을 나타낸다.	최치원(857~?)은 유명한 학자이다.
	!	느낌표	감탄하는 문장의 끝에 쓴다.	깜짝이야!
			특별히 강조할 때 쓴다.	어머니! 부르기만 해도 눈물이 나는 그 이름.
문장 중간에 사용	,	쉼표	단어를 나열할 때 사이에 쓴다.	삼각산, 도봉산, 북한산은 모두 같은 산의 이름이다.
			단락의 순서를 나타낸다.	첫째, 건강이 중요하다.
	:	쌍점	앞말이 뒷말을 포함할 때 쓴다.	계절 : 봄, 여름, 가을, 겨울
	( )	소괄호	필수적이지 않고 보충하는 내용을 나타낸다.	한국의 수도(서울)에는 강이 있다.
			외래어의 원어를 쓴다.	커피(coffee) 한 잔
			써야할 내용을 나타낸다.	남자의 반대말은 ( )이다.
문장을 인용	" "	큰따옴표	대화를 똑같이 인용할 때 쓴다.	학생들이 "알겠습니다."라고 대답했다.
	' '	작은 따옴표	대화를 약간 줄여서 인용하거나 마음 속의 말을 나타낸다.	나는 '가야지'하고 생각했다.

NOTE

06

단락 쓰기

01. 여러분의 동기, 선배, 친구와 관계가 어떻습니까? 다음 질문에 대답을 하고 자신의 인간관계 스타일을 알아보십시오.

> 〈질문〉 친한 동기와 오해가 생겨서 싸우게 되었습니다. 이럴 때 어떻게 해결하겠습니까?

빠른 시간 안에 같이 술을 마시면서 화를 푼다. ❷번으로	시간이 날 때 대화를 하면서 오해를 푼다. ❹번으로	화가 풀린 것처럼 잘 지낸다. 하지만 오해한 일을 잊어버리지 않는다. ❶번으로	먼저 깜짝 놀랄 선물을 해주면서 화해를 청한다. ❸번으로
❶ 단체생활에서 평범합니다. 인간관계는 나쁘지 않지만 좋은 사람과 싫은 사람을 구분합니다. 아랫사람은 당신을 좋아하는 편이지만 윗사람의 마음에 들지 않을 수 있습니다. 조금만 더 남을 용서해 보십시오.	❷ 단체 생활에서 잘 지낼 수 있습니다. 많은 사람에게 인기를 끌 수 있습니다. 하지만 많은 사람과 잘 지내는 것도 중요하지만 나와 정말 친한 사람도 필요합니다.	❸ 단체 생활에서 인기가 많을 수 있습니다. 주어진 일도 열심히 하지만 일만 하느라 나에게 필요한 것이 무엇인지 모를 수도 있습니다. 너무 여러가지에 욕심을 부리지 말고 중요한 것을 찾아서 하십시오.	❹ 재미있는 말과 표정으로 다른 사람의 화를 풀어 줍니다. 특히 동성에게 인기가 많지만 이성친구에게는 무뚝뚝할 때가 많습니다. 단체 생활에서 이성에게 관심을 받기 어렵습니다. 자신의 매력을 조금 더 키우는 것도 필요합니다.

02. 여러분이 많이 사용하는 SNS(Social Network Service)는 무엇이 있습니까?

　　□ 카카오톡　　　□ 텔레그램　　　□ 밴드　　　　□ 문자메시지
　　□ 인스타그램　　□ 페이스북　　　□ 라인　　　　□ 기타 : _____

03. 알맞은 것을 찾아서 연결하십시오.

　　1) 오프라인(off-line)　　•　　　　　• ① 인터넷 세상
　　2) 온라인(onf-line)　　•　　　　　• ② 실제 현실 세상
　　3) 디지털(digital)　　•　　　　　• ③ 기계와 인터넷으로 만들어진 것
　　4) 네이티브(native)　　•　　　　　• ④ 임시 일자리, 시간제로 일하는 것
　　5) 아르바이트(arbeit)　　•　　　　　• ⑤ 태어난 곳에, 타고난

단락이란 무엇입니까?

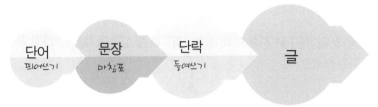

❶ 단락(문단)

- 단락(문단(文段), paragraph)이란 글에서 독자들이 이해하기 쉽도록 하나의 생각으로 쓴 단위이다. 문장은 하나의 생각을 완성한 작은 단위이고, 단락은 여러 문장이 하나의 생각으로 모인 더 큰 단위이다. 문장이 모여서 단락이 되고 단락이 모여서 글이 된다.
- 글에서 필자가 글을 쓰는 가장 중심 생각이 주제이다. 한 단락은 하나의 작은 주제에 대한 것이어야 한다. 시간의 순서나 원인과 이유 관계처럼 관련이 있어야 한다.
- 단락은 소주제와 뒷받침 문장으로 만들어진다. 소주제는 단락 안에서 주제이고 소주제를 설명하기 위한 문장이 뒷받침 문장이다. 소주제 문장은 단락의 앞부분, 뒷부분, 중간 부분에 모두 올 수 있지만 앞부분에 오는 것이 쓰기도 쉽고 읽기도 쉽다.
- 단락의 첫 부분은 오른쪽으로 한 글자 들어가서 쓴다. '들여쓰기'이다. 요즘은 단락과 단락 사이를 한 줄 띄어서 쓰기도 한다.

단락 전개의 원리

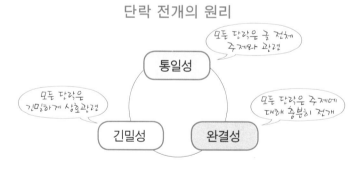

01. 한 단락의 글을 읽고 주제를 찾으십시오.

> ❶ 요즘 대학생들은 온라인에서 인간관계를 만들고 유지하고 발전시킨다. ❷ 지금의 20대는 SNS(Social Network Service)에서 모이고 놀고 공부하는 세대이다. ❸ 그래서 요즘 대학생이 인간 관계를 유지하는 방법은 만나서 몇 번 술을 마시느냐가 아니라 얼마나 SNS를 잘하느냐로 결정된다. ❹ 그렇지만 온라인의 관계만 중요한 것은 아니고 오프라인의 관계도 중요하다.

① ❶   ② ❷   ③ ❸   ④ ❹

02. 다음 글을 읽고 질문에 답하십시오.

정보통신연구원의 김애화 연구원은 2014년~2015년까지 SNS 이용률을 분석한 보고서 'SNS 이용 분석'을 최근 발표했다. <보기> 이 조사는 4381가구와 개인 1만 464명을 조사했다. 보고서에 따르면 조사 결과는 다음과 같다.

첫째, 연령별로 이용률에 차이를 보였다. 20대가 69.3%로 가장 큰 이용률을 보였으며 10대 48.7%, 30대가 46.9%로 그 뒤를 이었다. 특히, 10대의 SNS 이용률은 전년 대비 13.4% 늘어나 전 연령대에서 가장 큰 증가폭을 보였다. 40대는 28.8%, 50대 이상은 12.1%의 이용률을 나타냈다.

둘째, SNS 서비스별 이용률을 보면 카카오스토리가 55.4%로 1위를 차지했다. 페이스북23.4% 이 2위였으며 트위터13.1%와 싸이월드 미니홈피 5.5%로 각각 3, 4위로 나타났다. 반면, 같은 시기 이메일 이용 증가율은 2%에 그쳤다.

셋째, SNS를 이용하는 기기로는 스마트폰을 통한 이용량 52.7분이 가장 높았으며 데스크탑12.5분과 노트북 5.3분, 태블릿 1.5분으로 그 뒤를 이었다.

위의 결과에서 연령별 차이는 있지만 요즘은 SNS가 인간관계를 하는데 중요한 수단이 되었다는 것을 알 수 있으며, 특히 카카오스토리와 같이 가까운 사람들에게 짧은 글과 사진으로 소식을 알리는 것을 선호했다.

1) <보기>와 같이 단락 쓰기에서 필요한 표현을 찾으십시오.

2) 이 글의 주제와 소주제를 다음 표에 정리하십시오.

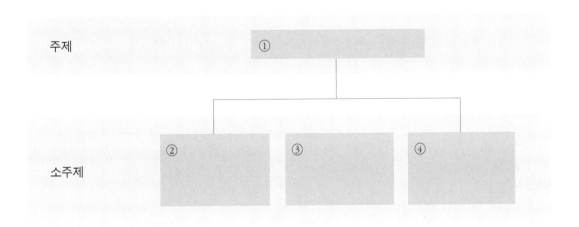

1. 단락 쓰기에서 필요한 표현은 무엇이 있습니까?

❶ 첫째, 둘째, 셋째, … 마지막으로

- 주제 문장과 뒷받침 문장이 여러 내용인 경우, 첫째, 둘째, 셋째 같은 표현을 사용해서 내용을 연결한다.
- 첫째 대신에 '먼저', 두 번째 대신에 '다음으로', 제일 마지막은 '마지막으로' 표현을 대신 사용할 수 있다.

❷ 반면, 이에 비해

- 앞의 문장과 반대의 내용이거나 주제와 뒷받침 문장의 내용이 달라지면 '반면, 이에 비해'로 연결한다.

    예 다양한 SNS의 이용이 많이 늘었다. 반면에 이메일 사용은 별로 증가하지 않았다.

❸ 이, 그, 이것, 그것

- 앞의 문단이나 문장에서 나온 말을 다시 쓸 때는 '이', '그'를 사용한다.
- 앞에서 나온 사람의 이름을 다시 쓸 때는 이름을 반복해서 쓴다.

    예 통계청의 양태영 연구원은 2014년~2015년까지 한국의 외국인 관광객을 분석한 보고서 '2015 외국인 관광객 분석'을 최근 발표했다. 이 보고서는 관광객 1,500명에게 설문조사를 실시했다. 양태영 연구원의 보고서에 따르면 한국 방문 관광객이 급증했다고 한다.

❹ 특히

- 중요한 내용인 경우 문장의 앞에서 자주 사용한다.

    예 특히, 이 보고서는 최근 한류로 한국을 많이 방문하는 중국인을 많이 포함하고 있다.

❺ 다음과 같다

- 다음 단락에서 뒷받침 문장이 나올 때 앞 문단의 마지막에 쓴다.

    예 이 보고서는 관광객 1,500명을 대상으로 설문조사를 실시했다. 그 결과는 다음과 같다.

[1~2] 소주제 문장에 대한 내용을 연결하고 단락으로 쓰십시오.

01. 단락을 쓸 때 소주제 문장의 위치에 어떤 차이가 있습니까? 알맞은 것을 연결하십시오.

1) 소주제문이 앞에 있다. •

2) 소주제문이 중간에 있다. •

3) 소주제문이 뒤에 있다. •

• ① 내용이 모두 마지막의 주제로 모이기 때문에 글이 논리적이라는 느낌을 준다. 쉽게 이해하기 어려운 내용은 일반적인 주제로 시작한다.

• ② 먼저 주제부터 쓰면 필자가 말하려는 것을 분명하게 쓸 수 있다.

• ③ 단락 사이를 자연스럽게 연결한다. 단락 사이에 내용이 바뀔 때 쓸 수 있다.

02. 〈보기〉와 같이 알맞은 표현을 사용하여 01번의 내용으로 한 단락의 글을 쓰십시오. 이 단락의 주제문장

| 소주제문장 | ① [   ] |

〈보기〉 [첫째], 소주제문이 ② [   ] 먼저 주제부터 쓰면 필자가 말하려는 것을 분명하게 쓸 수 있다.

③ [   ], 소주제문이 ④ [   ] 단락 사이를 자연스럽게 연결하여 앞단락과 뒷단락을 연결하는 내용이 필요할 때 쓴다. 단락 사이에 내용이 바뀔 때 쓸 수도 있다.

⑤ [   ], 소주제문이 ⑥ [   ]. 내용이 모두 주제로 모이기 때문에 글이 논리적이라는 느낌을 준다. 독자가 쉽게 이해하거나 많은 사람이 찬성하기 어려운 '사형제도', '안락사'와 같은 주제로 시작한다.

2. 외국에서 들어온 단어를 어떻게 한국어로 씁니까?

> **외래어 표기법**
> • 외래어 표기법은 국립국어원에서 1986년에 만든 규칙이다. 한국 사람들에게 익숙한 발음으로 쓰는 방법이다. 원칙은 한글 자모 24개만을 사용한다.
> • 영어에서 새로 들어 온 단어가 많아서 영어를 표기하는 방법으로 아는 사람도 많지만, 언어의 특성을 고려하여 중국어, 베트남어, 프랑스어 등 현재 21개 언어의 외래어 표기법이 있다. 그리고 영어는 영국식 영어의 방법으로 표기한다. 외래어 표기법 중에서 몇 가지 기본 사항만을 알아보면 다음과 같다.

❶ 한 가지 소리는 한 글자로 쓴다.

• sports와 stress는 둘 다 여섯 개의 글자이지만 읽었을 때 한국어에서 한 개의 소리(분절음)로 구별할 수 있으면 한 글자로 쓴다.

⟨예⟩ sports (스포츠)　　　　　　stress (스트레스)

03. 맞는 외래어 표기법을 고르십시오.

① team ⓨ　　　　템　　　　　　티임　　　　　　팀
② encore ⓟ　　　앵콜　　　　　앙코르　　　　　앙꼬르
③ window ⓨ　　　윈도　　　　　윈도우　　　　　윈

❷ 외래어 받침은 'ㄱ, ㄴ, ㄹ, ㅁ, ㅂ, ㅅ, ㅇ'만 사용한다.

• 한국어는 받침으로 사용하는 글자는 많지만 받침을 쓸 때는 /ㄱ, ㄴ, ㄹ, ㅁ, ㅂ, ㅅ, ㅇ/로만 쓴다. 예를 들어서 '옷[온], 옻[온], 온[온]'처럼 받침은 달라도 읽을 때 같은 소리로 읽는다. 그래서 대부분의 외래어를 쓸 때 일곱 글자만 받침으로 사용한다.

⟨예⟩ workshop 워크숍 (○)　　　　　　워크숖 (×)

04. 맞는 외래어 표기법을 고르십시오.

① robot ⓨ　　　　　로봇　　　　　로봍　　　　　로볻
② chocolate ⓨ　　쬬꼴릿　　　　쵸콜렡　　　　초콜릿
③ supermarket ⓨ 슈퍼마켁　　　수퍼마켙　　　슈퍼마켓

❸ 첫소리에는 'ㄲ, ㄸ, ㅃ, ㅉ, ㅆ'는 없다

- sense는 [쎈스]의 소리에 가깝고, 재즈는 [쩨즈], 프랑스 수도인 Paris는 [빠리]에 가깝지만 한국어는 첫소리에 [ㄲ, ㄸ, ㅃ, ㅉ, ㅆ] 발음을 잘 사용하지 않기 때문에 원칙은 쓰지 않는다. 태국어, 베트남어 등은 언어의 특징 때문에 사용한다.

  예 sense (센스)　　　　　　　　jazz (재즈)

05. 맞는 외래어 표기법을 고르십시오.

① Beijing(北京) 중	베이징	뻬이찡	뻬킹
② system 영	씨스템	시스템	씨쓰뗌
③ content 영	꼰뗀쯔	콘텐츠	콘텐

❹ f, p는 'ㅍ'로 쓴다.

- 한국어는 두 소리를 구별하지 않기 때문에 같은 글자로 쓴다.

  예 file (파일)　　　　　　　　pie (파이)

06. 맞는 외래어 표기법을 고르십시오.

① frypan 영	프라이팬	후라이팬	후라이핸
② carpet 영	카페트	카펫	카훳
③ fighting 영	화이팅	파이팅	파이링

07. 외래어 표기법에 맞게 쓴 것을 고르십시오.

①	file 영	화일	파일	빠일
②	Luòyáng(洛阳) 중	낙양	뤄양	루어양
③	note 영	노우트	노트	놑
④	Arbeit 독	아르베이트	알바이트	아르바이트
⑤	stress 영	스뜨래스	스트레스	쓰뜨레쓰
⑥	Tiān'ānmén(天安门) 중	텐안먼	천안문	티엔안문
⑦	Hà Nội 베	하 노우이	하노이	한오이
⑧	Allergie 독	앨러지	알러지	알레르기
⑨	service 영	썰비스	써비세	서비스
⑩	banana 영	버내나	바나나	빠나나
⑪	television 영	텔레비전	텔레비젼	테레비

단락 구성 표현을 연습합니다.

[1~4] 다음 글을 읽고 질문에 답하십시오.

대학생들은 대학 campus의 인간관계에 대해 어떻게 바라보고 있을까? <보기> 이들에게 직접 만나는 인간관계와 Internet의 인간관계가 얼마나 다르다고 생각하는지에 대해 물었다. 그 결과는 ① _____ .

② _____ , 대학생은 on-line에서 얇고 넓은 인간관계를 맺는 것은 아니다. on-line에서 다양한 모임에 참여하여 넓은 인간관계를 맺고 있다는 응답은 45.1%로 나타났다. 대학생 10명 중 6명 이상 65.6%가 대학 진학 후 알게 된 친구들과 친밀하고 가깝다고 대답했다. 그리고 친구와의 갈등을 잘 해결한다는 응답은 60.5%, 어려울 때 쉽게 도움을 청할 친구가 있다는 응답 역시 62.2%로 나타났다.

③ _____ off-line에서의 대인 관계와 on-line상의 대인 관계에 대해 다른 태도를 갖고 있는지 알아보았다. 약간의 차이만 보였을 뿐, 양쪽 모두 적극적이고 긍정적인 태도를 갖고 있었으며, 비슷한 특징을 보였다. ④ _____ 새로운 사람을 알아가는 것(off-line 68.3%, on-line 60.5%), 사적인 이야기를 나누는 것(off-line 50.6%, on-line 42.0%), 반대 의견을 말하는 것(off-line 33.8%, on-line 31.1%), 갈등을 해결하는 것(off-line 63.5%, on-line 55.5%)까지, 모든 항목에서 off-line 관계가 더 높은 점수를 나타났다. social network service로 대인 관계를 유지하는 20대는 off-line 상에서의 인간관계를 중요하게 생각하고 있는 것을 알 수 있었다.

출처 : 대학내일20대연구소 '대학 생활환경 실태조사 백서' (http://bit.ly/ICgtXAO 편집)

01. 다음 단어를 외래어 표기법에 맞게 쓰십시오.

① campus (   )   ② Internet (   )   ③ off-line (   )

④ on-line (   )   ⑤ social network service (   )

02. <보기>에서 단락을 구성하는 표현을 골라 쓰십시오.

<보기> 이들에게,   첫째,   둘째,   셋째,   그,   다음과 같다,   반면

03. 다음 글을 읽고 단락의 소주제를 찾아서 밑줄을 치십시오.

04. 이 글의 소주제와 뒷받침 문장을 다음 표에 정리하십시오.

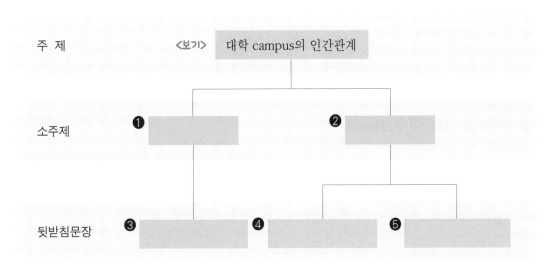

주　제　　　　　　　　　〈보기〉　　　대학 campus의 인간관계

소주제　　　❶　　　　　　　　　　❷

뒷받침문장　❸　　　　　❹　　　　　❺

SNS와 인간관계에 대한 글을 쓰십시오.

01. SNS로 무엇을 합니까? 가장 많이 이용하는 것부터 골라서 번호를 쓰십시오.

□ 사전 찾기	□ 쇼핑	□ 인기인의 소식 보기	□ 자료 찾기
□ 정보 검색	□ 연예인 소식 보기	□ 댓글 관리	□ SNS 친구 관리
□ 채팅	□ 뉴스 검색	□ 취미 모임 활동	□ 기타: _____

02. SNS가 인간관계에 영향을 줍니까?

□ 네	□ 아니오
SNS를 통해 인간관계가 더 넓어질 수 있고 쉽게 친해질 수 있다고 생각합니다.	아니오. SNS를 통해 인간관계가 넓어질 수 없고 쉽게 친해질 수 있다고 생각하지 않습니다.

03. 왜 그렇게 생각합니까? 위의 이유를 세 가지 쓰십시오.

주제:

이유 1	이유 2	이유 3

04. 인터넷과 인간관계에 대한 글을 쓰십시오.

※ SNS를 이용해서 인간관계를 합니까? 하지 않습니까? 두 가지 주제 중 하나를 골라서 글을 쓰십시오.
1. SNS를 이용한 인간관계를 긍정적으로 생각한다.
2. SNS를 이용한 인간관계를 부정적으로 생각한다.

[쓰기 전 주의하기]
① 주제에 대한 이유를 세 가지 이상 쓰십시오. 내 생각을 주제 문장으로 이유를 뒷받침 문장으로 쓰십시오.
② 문장과 단락을 연결하는 표현을 사용하십시오.
③ '첫째, 둘째, 셋째'를 사용하여 내용을 연결하십시오.

[SNS를 이용한 인간관계]

SNS를 이용한 인간관계

소주제   나는 SNS로 하는 인간관계를

뒷받침문장   그 이유는 첫째,

오프라인	offline	下网
온라인	online	在线
디지털	digital	数字的
소셜 네트워크 서비스	social network service	社会性网络服务
네이티브	native	本地人
아르바이트	arbeit	打工
캠퍼스	campus	校园
인간관계	human relations	搭上关系/人类建立关系
관계를 유지하다	maintain relationship	维持关系
관계를 발전시키다	develop relationship	关系发展
적극적	active, aggressive	积极的
긍정적	positive, affirmative	肯定
사적	personal, private	私人
논리적	logical	逻辑
필자	author, writer	笔者
독자	reader	读者
단락	paragraph	段落
문단	paragraph	语段

외래어 표기법 변환기

외래어 표기를 도와주는 홈페이지가 있다.

　"우리말 배움터" 홈페이지의 외래어 한글 표기 상호 변환기에서는 일반적인 외래어 표기로 변환해 줄 뿐만 아니라 전공 용어도 외래어로 바꿔서 표기해 준다.

http://urimal.cs.pusan.ac.kr/urimal_new/ 홈페이지의 외래어 표기법 변환기

외래어↔한글 표기 상호 변환기

외래어-한글 표기 상호 변환기는 부산대학교 정보컴퓨터공학부 인공지능연구실과 (주)나라인포테크가 공동으로 만들고 있습니다.
(현재 2010년 07월 27일자 변환기가 돌아가고 있습니다)

변환할 단어를 넣어 보십시오.

banana

◎인명 ◎지역 ◎화학 ◎일반 ◉모두

바꾸기　　창닫기

외래어↔한글 상호 변환 시스템은 한글로 입력한 말을 외래어 표기로 바꾸거나 외래어 표기로 입력한 말을 한글로 제시하는 프로그램입니다. 외래어는 사람마다 표기를 다르게 하기 쉬워 어문 규정에 '외래어 표기법'을 두었습니다.
'외래어 표기법'은 1958년 제정된 '로마자의 한글화 표기법'을 근간으로 하고, 표기상의 문제점과 미비점을 보완하며, 1986년 1월 문교부 고시로 시행하였으며, 1992년 11월 동구의 다섯 개 언어 표기법을 추가하며 문화부 고시 제1992-32호로 시행하였습니다. 그러나 '외래어 표기법'만으로 외래어 표기를 통일하기가 쉽지 않기 때문에 1991년 정부와 언론은 외래어심의공동위원회를 구성하여 외래어 표기를 심의하여 한글 표기를 결정해 왔습니다. 따라서 외래어/한글 변환 시스템은 '외래어 표기법'을 바탕으로 하면서 외래어심의공동위원회에서 결정한 표기법에 따름을 원칙으로 합니다.
단, 화합물의 표기는 대한화학회의 '화합물 명명법'에 따라 IUPAC의 영명법을 우리말 체계에 맞도록 작성하였습니다.

Copyright @2001 AI Lab & Narainfotech.

외래어↔한글 표기 상호 변환기

변환결과

검색어	Banana	
바나나	banana	

관련 외래어 검색 결과

한글	외래어
바나나	banana
바나나	Banana
바나나킥	banana kick

뒤로　　닫기

Copyright @2001 AI Lab & Narainfotech.

제2부

대학생활과 글쓰기

07

취업을 위한 자기소개서 쓰기

 학습목표 ✿ 취업을 위한 자기소개서를 쓴다.
논리적으로 문단을 구성하여 글을 쓴다.

◆ 주제: 취업을 위한 자기소개
◆ 표현: -다고, -다는, -을/를 쌓다, -을/를 극복하기 위해서, -을/를 바탕으로
◆ 쓰기: 취업을 위한 자기소개서

나는 누구인가?

이름: 응우옌 딘 쫑

학교: 한국대학교

전공: 무역학

1학년 : 농구 동아리 활동을 했다.

2학년 : 유학생 총학생회 부회장, 인간관계가 넓다.

3학년 : 토픽 6급을 받았다, 다양한 아르바이트를 했다.

4학년 : 장학금을 받았다.

미래 : 회사에 취직할 것이다. 한국과 베트남의
　　　무역에 관심이 많다.
　　　앞으로 베트남에 있는 한국 기업에
　　　취직하고 싶다.

※ 내 과거, 현재, 미래의 모습에 대해서 생각해봅시다. 내 모습을 다음 빈칸에 정리해 보십시오.

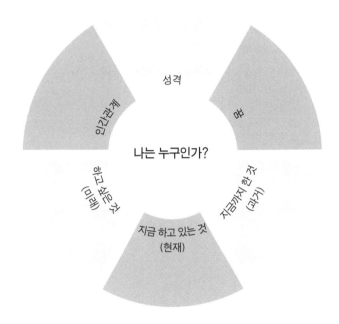

01. 자기소개서에 필요한 내용입니다. 〈보기〉에서 골라 쓰십시오.

> 〈보기〉 성공과 실패의 경험, 학창생활, 지원 동기, 경력, 장점과 단점, 성장과정, 입사 후 포부

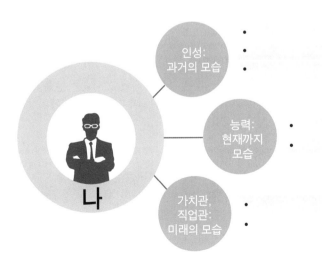

자기소개서에 무슨 내용이 있습니까?

자기소개서

- 자기소개서는 진학이나 취업 등 어떤 목적으로 본인에 대한 자세한 정보를 제공하는 글이다. 제출하는 곳에 따라서 내용이나 형식이 달라진다.
- 자기소개서는 문어체로 쓴다. 그렇지만 읽는 사람을 위하여 '저', '-ㅂ/습니다'를 사용한다.

---

[1] 다음 자기소개서를 읽고 질문에 대답하십시오.

01. 〈보기〉에서 찾아 각 단락이 무슨 내용인지 쓰십시오.

〈보기〉   성장 과정   학창 생활   교내외 활동   지원동기와 입사 후 포부

성격의 장점과 단점   성공과 실패의 경험

〈보기〉	
자기소개서를 쓰는 이유	안녕하십니까. 저는 무역회사 영업부에 지원한 응우엔 딘 쭝입니다. 저는 항상 무역회사에서 일하기를 꿈꿔왔습니다. 저에 대해서 다음과 같이 소개하고자 합니다.
①	**노력하면 성공할 수 있다** 아버님은 혼자서 시골에서 작은 옷가게를 시작하여 지금은 의류전문점을 운영하고 계십니다. 어릴 때는 늘 바쁜 부모님 때문에 외롭기도 했지만 매일 열심히 일하는 부모님의 모습을 보면서 열심히 하면 성공한다고 믿게 되었습니다.

②	**대학교에서 무역을 전공하다**
	  대학에서 무역에 대해서 많은 지식을 배웠습니다. 저는 특히 세계 여러 나라의 문화와 특징을 이해하고 어떤 상품을 수입하고 수출할 수 있는지 분석하는 것에 관심이 많았습니다.
	
	한국어와 영어를 공부하다
	  무역을 하기 위해 외국어는 기본이라고 생각합니다. 저는 고급 수준의 한국어에다가 대학에서는 비즈니스 영어 과정을 수강했습니다. 베트남어, 한국어, 영어 3개 국어를 할 수 있습니다.

③ 　다양한 인간관계를 쌓다

　　저는 농구부 동아리 활동을 하면서 다양한 사람들을 만날 수 있었고, 유학생 총학생회 부회장을 하면서 학생들 간의 문제를 해결하기도 했습니다. 그래서 어릴 때는 약간 수줍음을 타는 성격이었지만 지금은 사람들과 잘 어울리는 사교적인 성격이 되었습니다.

　　그리고 저는 용돈을 제가 스스로 벌어서 쓰기 위해서 여러 아르바이트도 했습니다. 편의점과 식당, 의류 공장 등 다양한 환경에서 일하면서 한국 문화를 배웠고, 특히 인간관계를 중요하게 생각하는 한국 문화에서 동료들과 잘 지내는 방법, 손님을 대하는 방법에 대해서 배웠습니다.

④ 　끝까지 최선을 다한다

　　저는 한번 결심한 일은 끝까지 하는 끈기 있는 성격입니다. 저는 쉽게 포기하지 않습니다. 그 예로 고등학교 1학년 때부터 기타를 배우기 시작해서 3년 동안 매주 연습을 했습니다. 같이 시작한 친구 대부분이 포기했지만 저는 기타 연주회까지 했습니다.

　　그렇지만 저는 단점도 있습니다. 저는 너무 꼼꼼하고 신중해서 생각하고 행동하기까지 오랜 시간이 걸립니다. 이런 단점을 극복하기 위해서 주위에 조언을 구해서 빠르게 결정하려고 노력합니다.

⑤ 　야구 응원 용품을 팔며 무역에 대해 배우다

　　2014년 야구장 앞에서 베트남에서 가져 온 응원 용품을 직접 팔았습니다. 수량을 많이 준비했지만 사람들이 좋아하는 것을 잘 몰라서 많이 팔지 못했습니다. 하지만, 베트남에서 물건을 사 오고, 한국의 야구장에서 직접 판 경험은 저에게 무역에 대해 많은 것을 가르쳐 주었고, 전공 내용이 실제로 어떻게 적용되는지를 알 수 있었습니다.

⑥ 　베트남 지사의 영업부에서 일하고 싶다

　　저는 대학교에 갈 때마다 이 무역회사 앞을 버스로 지나갔습니다. 언제나 이 회사의 건물을 볼 때마다 나도 저기에서 일하고 싶다고 생각했습니다. 그리고 얼마 전 뉴스에서 하노이에 지사를 준비 중이라고 듣고 앞으로 베트남 시장을 잘 아는 인재가 필요할 것이라는 느낌이 들었습니다. 저는 무역에 대한 꿈도 있고, 무역을 전공했습니다. 이런 능력으로 이 회사에서 일을 하고 싶습니다. 특히, 저는 직접 발로 뛰어다니는 영업부에서 일을 해보고 싶습니다.

1. 자기소개서에서 성격을 어떻게 설명합니까?

01. 이 사람의 성격 소개를 읽고 〈보기〉와 같이 알맞은 성격을 쓰십시오.

급하다	긍정적이다	꾸준하다	느긋하다
꼼꼼하다	고집이 세다	낙천적이다	불성실하다
(성실하다)	소극적이다	내성적이다	사교적이다
활달하다	부지런하다	상상력이 풍부하다	외향적이다
적극적이다	책임감이 강하다	적응을 잘 못하다	수줍음을 타다

장점 성격 중 장점은 무엇이 있습니까? 예를 들어서 설명하십시오.

저는 〈보기〉 성실한 편입니다. 저는 지금 2학년인데 지금까지 한 번도 지각이나 결석을 한 적이 없습니다. 또한, 저는 ① ☐ 편입니다. 그래서 일을 할 때에는 실수를 하지 않도록 여러 번 확인합니다.

단점 성격 중 단점은 무엇이 있습니까? 예를 들어서 설명하십시오.

저는 처음 만나는 사람 앞에서 말을 잘 못하는 ② ☐ 성격입니다. 그래서 사람들과 친해지기 어렵습니다. 저를 잘 모르는 사람들은 제가 말이 없다고 생각합니다. 그리고 성격이 좀 ③ ☐ 기 때문에 일 할 때 서두르지 않습니다.

마무리 단점을 극복하기 위해서 어떻게 하고 있습니까?

저는 ④ ☐ 성격을 극복하기 위해 처음 사람을 만나면 먼저 인사를 합니다. 저는 일할 때 시간이 많이 걸리는 것을 극복하기 위해서 언제까지 일을 다해야 하는지 생각하면서 늦지 않기 위해 노력합니다.

02. 자신의 성격을 4가지 이상 쓰십시오.

장점	
단점	
단점을 극복하는 방법	

2. 자기소개서에서 많이 사용하는 표현은 무엇이 있습니까?

❶ -다고

- 문어체는 자신의 생각을 직접적으로 표현하기보다는 간접적으로 표현한다.

  예 -다고 생각하다/보다

  저는 최선을 다하면 누구라도 성공할 수 있다고 봅니다.

  아버님이 옷가게를 키우는 것을 보면서 열심히 하면 성공할 수 있다고 생각했습니다.

- 다른 사람에게 들은 내용을 다시 쓴다.

  예 -다고 하다/듣다/보다/읽다

  뉴스에서 내일은 비가 온다고 들었습니다.

  신문에서 북경에 지사를 준비 중이라고 읽었습니다.

03. 〈보기〉와 같이 문장을 연결하십시오.

> 〈보기〉 회사 직원에게 들었다. "이번에 이력서를 제출한 사람이 많다"
>
> ➩ 회사 직원에게 이번에 이력서를 제출한 사람이 많다고 들었습니다.

① 저는 항상 생각합니다. "우물을 파도 한 우물을 파야한다"

➩ _____

② 저는 봅니다. "꿈이 크면 성공할 때까지 시간이 좀 더 걸린다"

➩ _____

③ 아버지께서는 자주 말씀하셨습니다. "하늘은 스스로 돕는 사람을 돕는다"

➩ _____

❷ –다는

- 다른 사람의 말이나 생각을 다시 쓴다. 주로 뒤에 '생각, 말, 사람'이 온다.

  예) –다는 생각을 하다/다는 생각이 들다/다는 느낌이 들다
  몸에 좋은 것은 입에 쓰다는 생각을 했다.
  한국은 빠르게 변하는 나라라는 생각이 들었다.
  밤에 혼자 집에 오는데 남자가 가깝게 있다는 느낌이 들었다.

❸ 쌓다, 극복하기 위해서, 바탕으로

- 점점 많아지는 것을 나타낸다.

  예) –을/를 쌓다
  아르바이트를 하면서 다양한 경험을 쌓을 수 있었다.
  대학교에서 무역을 전공하면서 무역에 대한 지식을 쌓았다.

- 어떤 어려움이나 목적을 이루기 위해서 한 일을 나타낸다.

  예) –을/를 극복하기 위해서
  단점을 극복하기 위해서 조언을 구해서 빠르게 결정하려고 노력합니다.
  농구 선수가 시합의 패배를 극복하기 위해서 더 많은 시간을 운동했다.

- 어떤 일의 기본이나 기초가 되는 것을 나타낸다.

  예) –을/를 바탕으로
  이 영화는 실제 있었던 일을 바탕으로 만든 것이다.
  이 사람은 외국어 실력을 바탕으로 무역 업무를 하고 싶어 합니다.

04. 〈보기〉와 같이 문장을 연결하십시오.

> 〈보기〉 저는 느낌이 들었다. "이번 시험이 무척이나 어려울 것이다"
>
> ⇨ 저는 이번 시험이 무척이나 어려울 것이라는 느낌이 들었습니다.

① 나는 생각이 들었다. "대학생활이 사회생활의 준비 과정이었다"

⇨ _____

② 나는 생각을 했다. "이 회사는 계속 성장할 것이다"

⇨ _____

③ 나는 느낌이 들었다. "노력하면 내가 회사를 경영하게 될 날이 온다"

⇨ _____

05. 〈보기〉와 같이 문장을 바꾸십시오.

> 〈보기〉 저는 아르바이트를 하면서 다양한 요리에 대한 경험을 많이 했습니다.
>
> ⇨ 저는 아르바이트를 하면서 다양한 요리에 대한 경험을 쌓았습니다.

① 월급은 적었지만 홍보에 대한 일을 배우면서 경력이 생겼다.

⇨ 월급은 적었지만 홍보에 대한 일을 배우면서 _____

② 문제가 생겼지만 다양한 경험이 있어서 그 일을 쉽게 해결할 수 있었다.

⇨ 문제가 생겼지만 다양한 경험 _____ 그 일을 쉽게 해결할 수 있었다.

자기소개서를 쓸 준비를 합니다.

※ 취업을 위한 자기소개서의 구성과 내용

구 성	내 용
성장 과정 고향, 가족 관계, 가치관, 꿈	• 기본적인 성격과 가치관을 보여주는 경험을 쓴다. • 지금의 모습이 되기까지 어떤 과정이 있었는지 쓴다.
성격의 장단점 및 특기 지원 분야와 맞는 성격을 중심으로 (대인 관계, 책임감과 성실성, 도전정신 등)	• 장점을 잘 나타내는 경험과 활동을 중심으로 쓴다. • 단점을 쓸 때는 단점을 고치기 위한 노력을 함께 쓴다. • 일할 분야에서 필요한 성격이나 적성에 맞는 내용을 중심으로 쓴다.
학교 생활 및 교내·외 활동 학교에서 활동(동아리, 총학생회) 학교 밖에서 활동(아르바이트, 수상 경력 등)	• 대학교 수강 과목 중에서 직업과 관련된 강의, 실습 등을 통해서 배운 것을 쓴다. • 일할 때 필요한 능력을 주로 쓴다(외국어 실력, 자격증 등). • 아르바이트나 일을 하면서 내가 배운 것을 중심으로 쓴다.
지원 동기 및 입사 후 포부 지원하는 동기 미래에 대한 계획	• 여기서 일하고 싶은 이유를 자세히 쓴다. • 하고 싶은 일과 앞으로의 목표를 쓴다. • 어떤 자세로 일할 것인지를 쓴다. • 내가 할 일에 대한 의욕과 열정을 나타낸다.

01. **자신의 성장과정에 대한 질문에 답을 하십시오.**

질 문	대 답
① 많은 것을 배운 사건이 있습니까?	
② 나에게 가장 많은 것을 가르쳐준 사람은 누구입니까?	
③ 그 사람에게 무엇을 배웠습니까? 예를 들어서 대답하십시오.	
④ 내가 존경하는 사람은 누구입니까? 존경하는 이유는 무엇입니까?	
⑤ 나는 어떤 일을 하고 싶습니까? 그 일을 하려는 이유는 무엇입니까?	

02. 학력과 경력에 대한 질문에 답을 하십시오.

질 문	대 답
① 중·고등학교에서 특별히 공부한 것이 있습니까?	
② 대학에서 무엇을 전공했습니까? (지금 전공은 무엇입니까?)	
③ 전공을 선택한 이유는 무엇입니까? (왜, 이 전공을 선택하게 됐습니까?)	
④ 전공에서 가장 흥미 있고 재미있게 배운 것은 어떤 부분입니까? 내 전공이 앞으로 직업과 어떤 관련이 있습니까?	
⑤ 전에 했던 아르바이트, 여행, 학원, 생활에서 이 직업과 관련되는 것을 배운 적이 있습니까? 어떤 관련이 있습니까?	
⑥ 그동안 배운 것 중에서 직업에 가장 필요한 것은 무엇이라고 생각합니까?	

03. 직업 선택의 이유와 입사 후에 계획에 대한 질문에 답하십시오.

질 문	대 답
① 대학 졸업 후에 무슨 일을 하고 싶습니까?	
② 이 일을 하고 싶은 이유는 무엇입니까?	
③ 전공이 이 일과 어떤 관련이 있습니까?	
④ 5년 후, 10년 후의 계획은 무엇입니까?	

취업을 위한 자기소개서를 쓰십시오.

[쓰기 전 주의하기]

① '-습니다'로 씁니다.　　　　　　　② 문어체 표현으로 씁니다.
③ 높임 표현을 적절하게 사용합니다.　④ 연결 표현을 사용합니다.
⑤ 단락과 단락의 연결 표현을 사용합니다.　⑥ 단락의 주제를 한 문장으로 씁니다.

이름 :　　　　　　　　　　　　　지원 분야(회사) :

자기소개서를 쓰는 이유	
성장 과정	
학창 생활	

교내외 활동	_____
	_____
	_____
	_____
성격의 장점과 단점	_____
	_____
	_____
	_____
	_____
지원동기와 입사 후 포부	_____
	_____
	_____
	_____
	_____

※ 자신이 쓴 자기소개서를 다시 읽고 평가하십시오.

	잘했다 5	보통 3	못했다 1
1. 높임 표현을 정확하게 사용했다.			
2. 문어체를 적절하게 사용했다.			
3. 연결표현을 적절하게 사용했다 .			
4. 내용이 논리적으로 전개된다.			
5. 이 글만으로 본인의 특징을 잘 알 수 있다.			
점수			점

급하다	be impetuous	急
꼼꼼하다	meticulous, detailed	仔细
활달하다	outgoing, lively	活泼
성실하다	faithfulness, sincerity	老实
낙천적이다	radiate optimism	乐天达观
꾸준하다	steady, constant	不懈
내성적이다	introverted, reserved	内向
상상력이 풍부하다	be imaginative	富于想象力
적응을 잘 못하다	fail to adapt	适应不好
책임감이 강하다	have a strong sense of responsibility	负责
소극적이다	passive, half-hearted	消极
부지런하다	hard-working, diligent	勤快
고집이 세다	be stubborn	倔强
외향적이다	extroverted	外向
불성실하다	faithless, untrustworthy	不诚实
사교적이다	sociable, outgoing	社交性
느긋하다	relaxed, carefree	反酸
수줍음을 타다	bashful	腼腆腼腆/脸嫩
실패	failure, washout	失败
학창생활	school life	学生时代
지원동기	reason for application	应聘动机
입사	joinacompany	进入
포부	aspiration, hope	抱负
장점	advantage, merit	优点
단점	weakness, flaw	缺点
교내외 활동	school activities and extramural activities	校内外活动
성장과정	processof(one's)growth	成长过程
비즈니스	business	商务
가치관	value	价值观
대인 관계	personal relations	人际关系
성공	success	成功
도전 정신	challenge spirit	挑战精神

교정부호

교정부호는 글을 바꿀 부분이나 내용을 더 쓸 부분이 있을 때 사용하는 것이다.

부호	교정내용	보기
♂	글자를 다른 것으로 바꿔야 할 때	물건이 가득 (싸)였다. ^쌀
♂꙰	글자를 지울 때	학생이 (도) 간다.
⌒	띄어쓴 글자를 붙여 써야 할 때	9년 전 부터 시작되었다.
∨	띄어 써야 할 때	아름다운 노래소리
∨	글자를 새로 넣어야 할 때	^{내야} 보고서를 한다.
⌣	여러 글자를 고쳐야 할 때	^{진지를} 아버지께서 밥을 잡수신다.
⌐	줄을 바꿔야 할 때	"누구세요?" 철수가 문을 열면서 말했다.
⊢	왼쪽으로 한 칸 옮겨야 할 때	서로 돕자.
⊣	오른쪽으로 한 칸 옮겨야 할 때	강의 시간 사이에 시간이 있으면 도서관 앞에서 만났다.
∽	앞과 뒤의 순서를 바꿔야 할 때	(일찍 집을) 나섰다.
↩	줄을 바꿔야 할때	"내 이름은 민호이다." "한국대학교 1학년 학생이다."

NOTE

08

요청하는 이메일 쓰기

 학습목표 ⚙

이메일을 예의 있게 쓸 수 있다.
예의 바르게 요청할 수 있다.

◆ 주제: 요청하는 이메일
◆ 표현: 다름이 아니라 -게 되었습니다, -는지요? -양해를 바라다/양해를 구하다
◆ 쓰기: 요청하는 이메일 쓰기

01. 여러분은 한국어로 이메일을 써 본적이 있습니까? 누구에게 이메일을 써 봤습니까?

02. 친구에게 보내는 이메일과 교수님께 보내는 이메일의 다른 점은 무엇입니까?

03. 맞는 것을 연결하십시오.

① 	답장 •	• ① 이메일을 받은 다음에, 보낸 사람에게 답을 보내는 것
②	휴지통 •	• ② 광고 등의 불필요한 이메일
③	회신, 전달 •	• ③ 받은 메일을 다른 사람에게 보내주는 것
④	스팸메일 •	• ④ 이메일을 지우고 버리는 것
⑤	첨부파일 •	• ⑤ 이메일에 다른 파일을 같이 보내는 것

1. 요청하는 이메일이란 무엇입니까?

❶ 이메일

- 이메일은 받을 사람이 정해진 편지이기 때문에 문어체와 구어체가 모두 나타난다.
- 이메일을 주고 받는 관계에 따라서 사용하는 표현, 형식이 다르다. 받는 사람이 나보다 얼마나 윗사람이고 친한 관계인지, 친구인지, 나보다 아랫사람인지에 따라서 다르게 쓴다. 윗사람에게 쓰는 메일은 예의 바르게 써야 한다.
- 사과나 부탁하는 내용은 정중하게 쓰는 것이 중요하다.
- 맞춤법과 띄어쓰기가 정확하지 않으면 이메일을 급하게 보낸 것처럼 보이기 때문에 꼭 확인해야 한다.
- 대학생들은 선배나 교수님 같은 윗사람에게 이메일을 자주 쓰게 된다. 특히 교수님에게 이메일을 쓸 때는 보고서를 제출할 때(54.1%), 요청을 할 때(17.3%), 질문을 할 때(12.1%)라고 한다.

[1~3] 다음 이메일을 읽고 질문에 대답하십시오.

01. 글을 읽고 맞는 내용과 연결하십시오.

메일 쓰기

➡ 보내기

❶ 홈쇼핑 안내 메일

❷ 왕리 고객님 안녕하십니까?

❸ 홈쇼핑입니다. 언제나 저희 홈쇼핑을 이용해 주셔서 감사드립니다.

❹ 다름이 아니라 고객님께서 지난번에 구매하신 가방(검정)이 품절이 되어서 연락을 드렸습니다. 수량이 부족한 점 양해를 바랍니다.

❺ 구매취소를 원하시면 홈페이지에 로그인하셔서 환불신청을 하시면 됩니다. 같은 디자인의 다른 제품으로 교환을 하신다면 노랑, 빨강, 파랑, 회색의 수량이 남아 있습니다.

❻ 품절로 인해 고객님께 불편을 끼쳐드린 점 진심으로 죄송합니다. 다음 구매 시에 5% 혜택을 드리는 쿠폰을 첨부합니다.

❼ 앞으로도 저희 홈쇼핑을 이용해 주시기 바랍니다. 안녕히 계십시오.

- ① 제목
- ② 내용
- ③ 이메일을 보낸 이유 (상황)
- ④ 자기소개
- ⑤ 첫인사
- ⑥ 끝인사
- ⑦ 사과 표현

02. 홈쇼핑에서 이메일을 왕리에게 보낸 이유는 무엇입니까?

① 홈쇼핑에서 왕리에게 할인 혜택을 주고 싶어 한다.

② 왕리가 앞으로 홈쇼핑을 이용하기를 바란다.

③ 왕리가 홈쇼핑에 구매취소나 교환하기를 요청한다.

④ 홈쇼핑에서는 고객에게 구매한 물건을 환불이나 교환하라고 요청한다.

03. 위의 이메일에서 감사 표현과 사과 표현을 찾아 쓰십시오.

감사 표현	
사과 표현	

❷ 요청하는 이메일의 내용

제목	편지를 보내는 목적/처음 보내는 사이에는 자기소개 받는 사람의 이름, 직함
⇩	
첫인사	편지를 받는 사람을 부르는 호칭 첫인사
⇩	
자기소개	보내는 사람이 '나'를 알 수 있는 내용 두 사람의 관계 확인
⇩	
자신의 상황	부탁과 관계 있는 내용(자신의 상황, 요즘의 생활) 부탁을 하게 된 이유나 상황
⇩	
내용	부탁하는 내용/양해를 구하는 내용
⇩	
감사(사과)표현	사과/감사 인사, 안부 인사
⇩	
끝인사	끝인사

1. 요청하는 이메일은 어떻게 써야 합니까?

❶ 정중하고 요령 있게 쓰기

- 상대의 부담을 최소화 할 수 있는 요청을 한다. 다른 사람에게 주는 부담을 '좀', '잠깐'과 같이 작고 요령 있게 표현한다.

  예 ㉠ 지금 시간 내 주세요. (×)
  ㉡ 오늘 시간 좀 내 주실 수 있으십니까? 아주 잠깐이면 됩니다. (○)

- 상대방에게 부탁을 할 때 질문으로 하여 거절할 수 있는 선택을 준다. 예를 들어서 문을 닫으라고 직접 말하는 것보다 간접적으로 '춥지 않니?'로 질문하면 상대가 덜 부담이 된다. 그럴 경우 부탁을 들어줄 가능성이 커진다.

  예 ㉠ 문 닫아. (×)
  ㉡ 미안하지만 문 좀 닫아 줄래? (△)
  ㉢ 어디서 바람이 부는지 춥네. 너는 안 춥니? (문 좀 닫자). (○)

01. 다음을 〈보기〉와 같이 쓰십시오.

> 〈보기〉 질문이 있어요.
>
> ⇨ 혹시 질문을 지금 드려도 됩니까?

① 시간 좀 내주세요.

  ⇨ _____

② 이메일이 안 왔는데 빨리 첨부파일을 다시 보내주세요.

  ⇨ _____

③ (교수님) 과제를 내일 낼게요.

  ⇨ _____

❷ 혜택을 주는 것처럼 쓰기

• 다른 사람에게 하는 명령이나 부탁이지만 상대에게 도움이나 이득을 주는 것처럼 쓴다.

　예) ㉠ 이것을 사십시오. 쌉니다. (×)
　　　 ㉡ 이것을 사면 돈 벌어 가는 것입니다. (○)

• 다른 사람의 잘못을 지적해야 하는 경우 상대방이 기분 나빠하지 않게 자신의 잘못으로 표현한다.

　예) ㉠ 목소리가 너무 작아요. 좀 크게 말씀하세요. (×)
　　　 ㉡ 목소리가 작아서 그러니까 좀 크게 말씀해 주시겠어요? (△)
　　　 ㉢ 제가 잘 못 들었는데, 다시 한 번 말씀해 주시겠어요? (○)

02. 다음을 〈보기〉와 같이 바꿔서 쓰십시오.

> 〈보기〉　선배님, 안 보여요. 크게 쓰세요.
>
> 　　⇨ 제가 눈이 나빠서요. 좀 크게 써 주시겠습니까?

① 선생님, 이메일에 빨리 답장해 주세요.

　⇨ _____

② 교수님, 시간이 부족해요. 보고서를 하루만 늦게 내고 싶어요.

　⇨ _____

③ 선배님, 전공 책 좀 빌려주세요.

　⇨ _____

❸ 동의하는 것처럼 쓰기

• 상대와 의견이 다르더라도 먼저 동의한다. 그리고 서로 다른 점은 적게 표현하고 같은 것을 최대한 많이 표현한다.

　예) 가 : 오늘 점심에 비빔밥 먹자
　　　 나1 : 싫어, 난 국수를 먹고 싶어. (×)
　　　 나2 : 그것도 좋은데. 하지만 (어제 비빔밥을 먹어서) 국수를 먹고 싶어. (○)

- 상대방의 의견을 반대할 때도 의견을 무시하지 않고 인정한다고 표현한다.

> (예) ㉠ 그 생각은 틀렸어. (×)
> ㉡ 그 부분은 너의 말이 맞아. 하지만 내 입장도 생각을 해줘. (△)
> ㉢ 그래 그 점에서는 맞다고 생각하지만 나는 이렇게 생각하고 있어. (○)

03. 다음을 〈보기〉와 같이 바꿔서 쓰십시오.

> 〈보기〉 가 : 다음 주말에 놀이공원에 가자
>
> 나 : 난 한강에서 자전거를 타고 싶어. (날씨가 좋다)
>
> ⇨ 그것도 좋지만 날씨가 좋으니까 한강에 가서 자전거를 타고 싶어.

① 가 : 이번 주말에 영화 보러 가자.

　나 : 영화보다 벚꽃 놀이 가자. (이번 주에 벚꽃이 예쁘다)

　⇨ _____

② 가 : 금요일 저녁 6시에 동아리 회의를 할까요?

　나 : 제가 그 때 수업이 있어요. 6시 30분에 해요. (강의가 6시 30분에 끝난다)

　⇨ _____

2. 요청하는 이메일에 자주 쓰는 표현은 무엇이 있습니까?

❶ 다름이 아니라 –게 되었습니다.

- '다름이 아니라'는 부탁할 내용에 대해서 이야기를 시작할 때 자주 사용한다.

> (예) ㉠ 잠깐 시간 내 주실 수 있습니까? (△)
> ㉡ 다름이 아니라 잠깐 시간 내주실 수 있는지요? (○)

- '-게 되었습니다'는 다른 사람 때문에 내 상황이 바뀌어야 할 때 사용한다. 부탁 내용의 뒷부분에 자주 사용한다.

> (예) ㉠ 추천서 써주시기를 부탁드립니다. (△)
> ㉡ 다름이 아니라 추천서 써주시기를 부탁 드리게 되었습니다. (○)
> (예) ㉠ 차가 너무 막혀서 지각하게 되었습니다
> ㉡ (지각하지 않으려고 했는데) 차가 너무 막혀서 지각하게 되었습니다.

❷ -는지요?

- 부탁하는 내용에 대해서 쓰거나 질문할 때 '-습니까?'를 대신해서 사용한다.

  예 1. ㉠ 저한테 빌려주십시오. (△)
      ㉡ 저한테 빌려주실 수 있는지요? (○)

     2. ㉠ 잠깐 시간 낼 수 있습니까? (△)
        ㉡ 잠깐 시간 낼 수 있으신지요? (○)

❸ 양해를 바라다, 양해를 구하다

- 다른 사람에게 상황을 설명하고 이해해 주기를 부탁할 때 사용한다.

  예 1. ㉠ 보고서를 좀 늦게 제출하려고 합니다. 죄송합니다. (△)
      ㉡ 보고서를 좀 늦게 제출하려고 합니다. 양해해 주시기 바랍니다. (○)

     2. ㉠ 오늘 일이 생겨서 스터디에 결석을 해야 하는데 이해해 주세요. (△)
        ㉡ 미리 양해를 구합니다. 오늘 일이 생겨서 스터디에 결석을 해야 합니다. (○)

04. 다음을 바꿔서 쓰십시오.

❶ 급한 일로 고향에 가게 되어서 시험을
못 봅니다.

→ ① [ㅤㅤㅤㅤㅤㅤ] 급한 일로 고향에 가게
되어서 시험을 [ㅤㅤㅤㅤㅤㅤ]

❷ 제가 심한 감기에 걸려서 보고서를
오늘까지 제출할 수 없습니다.

→ ② [ㅤㅤㅤㅤㅤㅤ] 제가 심한 감기에 걸려서
보고서를 오늘까지 제출할 수 [ㅤㅤㅤㅤㅤㅤ]
[ㅤㅤㅤㅤㅤㅤ]

05. 다음을 바꿔서 쓰십시오.

❶ 교수님께서 추천서를 써 주실 수
있습니까?

→ ① 교수님께서 추천서를 써 주실 수 [ㅤㅤㅤ]
[ㅤㅤㅤㅤㅤㅤ]

❷ 고객님께서 이해해 주세요.

→ ② 고객님께 [ㅤㅤㅤㅤㅤㅤㅤㅤ]

❸ 교수님, 보고서를 하루 늦게 내도록
하겠습니다.

→ ③ 교수님께서 [ㅤㅤㅤㅤㅤㅤㅤㅤ]
보고서를 하루 늦게 내도록 하겠습니다.

요청하는 이메일을 쓰는 연습을 합니다.

01. 부탁하는 상황입니다. 〈보기〉와 같이 이메일 내용을 쓰십시오.

부탁하는 상황

〈보기〉

장학금을 받기 위해서 추천서가 필요하다. 죄송한데 추천서를 빨리 받고 싶다.	→	다름이 아니라 장학금을 받기 위한 추천서가 필요해서 부탁을 드리게 되었습니다. 제가 너무 늦게 이메일을 드렸지만 죄송한데 추천서를 빨리 받을 수 있는지요?
오늘까지 내는 보고서를 다 못 썼다. 교수님께 이메일로 부탁한다. 주말까지 내고 싶다.	→	① _____ 오늘까지 내는 보고서를 다 못 써서 이메일로 _____ _____ 죄송한데 주말까지 _____
교수님이 오늘 과제를 내주셨는데 잘 이해할 수 없다. 다음 시간에 자세히 설명을 해주면 좋겠다.	→	② _____ 교수님이 오늘 과제를 내주셨는데 _____ 잘 이해할 수 없습니다. _____

02. 감사 표현을 하는 상황입니다. 〈보기〉를 보고 이메일 내용을 쓰십시오.

감사하는 상황

〈보기〉

추천서를 써 주셔서 고맙다. 어려운 부탁을 들어주었다.	→	추천서를 써 주셔서 정말로 고맙습니다. 바쁘신데 어려운 부탁을 들어주셔서 감사드립니다.
과제에 대해서 이해 못했는데, 교수님께서 다시 설명해 주셨다.	→	①
교수님께서 늦게 낸 내 보고서를 받아 주었다.	→	②

03. 다음 이메일을 정중하게 바꾸려면 어떻게 해야 합니까? 바꿔서 쓰십시오.

보낸 사람 : 경영학과 이가초
받는 사람 : 양태영 교수님

사고와 표현 과제인 자기소개서를 수업시간에 제출했고 이메일로 첨부파일도 보냈습니다.
그런데 이메일을 확인해 보니까 교수님께서 아직 확인하지 않았다고 합니다.
과제를 확인해 주십시오.

첫인사

①＿＿＿＿＿＿＿＿＿＿＿＿＿＿＿＿

＿＿＿＿＿＿＿＿＿＿＿＿＿＿＿＿

⇩

자기소개

②＿＿＿＿＿＿＿＿＿＿＿＿＿＿＿＿

＿＿＿＿＿＿＿＿＿＿＿＿＿＿＿＿

⇩

자신의 상황

③＿＿＿＿＿＿＿＿＿＿＿＿＿＿＿＿

＿＿＿＿＿＿＿＿＿＿＿＿＿＿＿＿

⇩

부탁내용

④＿＿＿＿＿＿＿＿＿＿＿＿＿＿＿＿

＿＿＿＿＿＿＿＿＿＿＿＿＿＿＿＿

⇩

감사표현

⑤＿＿＿＿＿＿＿＿＿＿＿＿＿＿＿＿

＿＿＿＿＿＿＿＿＿＿＿＿＿＿＿＿

⇩

끝인사

⑥＿＿＿＿＿＿＿＿＿＿＿＿＿＿＿＿

＿＿＿＿＿＿＿＿＿＿＿＿＿＿＿＿

요청하는 이메일을 쓰십시오.

01. 다음 메모를 읽고 부탁하는 이메일을 형식에 맞게 쓰십시오.

> 보낸 사람 : 신문방송학과 여경호
>
> 받는 사람 : 정서영 교수님
>
> '한식의 이해'라는 강의를 듣고 있다. 100명이 수강하는 100명 정도가 수강한다. 강의 시간에 자주 질문하는 편이다. 이 수업의 기말 보고서가 5월 20일 토요일까지인데 학과에서 금요일에 MT를 간다. 과대표라서 먼저 가서준비해야 하기 때문에 보고서를 내지 못할 것 같다. 보고서를 월요일까지 내도 되는지 양해를 구하고 싶다.

메일 쓰기
➡ 보내기

02. 다음 메모를 읽고 부탁하는 이메일을 형식에 맞게 쓰십시오.

> 보낸 사람 : 금융학과 4학년 리핑
>
> 받는 사람 : 이우진 교수님
>
> 내가 대학원에서 전공하고 싶은 분야의 교수님이다. 이 교수님의 강의를 두 번 들은 적이 있다.
> 교수님과 대학원 진학에 대해 상담하고 싶다.

메일 쓰기

➡ 보내기

---

03. 자신이 쓴 이메일을 다시 읽고 평가하십시오.

	잘했다	보통	못했다
	5	3	1
1. 맞춤법과 조사가 정확하다.			
2. 첫인사와 자기 소개 부분이 있다.			
3. 부탁하는 이메일의 순서대로 썼다.			
4. 이메일 내용을 예의가 있게 썼다.			
5. 이메일에서 자주 사용하는 표현을 사용했다.			
점수			점

어휘와 표현

양해	consent, excuse	谅解
구매취소	purchasing cancel	取消采购
동의	agreement, consent	动议
관용	tolerance, generosity	宽容
장학금	scholarship, fellowship	奖学金
추천서	reference, recommendation	推荐书
답장	reply, answer	回复
휴지통	wastebasket	回收站
회신	reply, answer	回信
전달	delivery	传达
스팸메일	spam, junkmail	垃圾邮件
첨부파일	attachment, attached file	附件
요령	trick, know-how	诀窍
요청	request, demand	要求
품절	run out of stock, be sold out	脱销
환불	refund	退款
교환	exchange	交换
수량	amount, quantity	数量
지각	lateness, be late	迟到
병결	absence on accoun to fillness	因病缺勤
결석	absence	缺席
혜택	benefit	优惠
쿠폰	coupon	联券
첨부	attach	附件
구매	purchase	购买
표현	expression	表现
형식	form, formality	形式

자주 실수하는 맞춤법과 띄어쓰기

틀린 것		맞는 것	
오랫만에 만나요.	(×)	오랜만에 만나요.	(○)
몇일만 기다려 주십시오	(×)	며칠만 기다려 주십시오.	(○)
다음에 뵈요.	(×)	다음에 봬요.	(○)
저가 하겠습니다.	(×)	제가 하겠습니다.	(○)
금새 보내기로 했다.	(×)	금세 보내기로 했다.	(○)
그런 일은 하면 안된다.	(×)	그런 일은 하면 안 된다.	(○)
천재라고 불리운다.	(×)	천재라고 불린다.	(○)
경기가 낳아졌다.	(×)	경기가 나아졌다.	(○)
문제가 돼고 있다.	(×)	문제가 되고 있다.	(○)
당신이 갖은 실력을 보여주세요.	(×)	당신이 가진 실력을 보여주세요.	(○)
도데체 누가 늦게 내는 거에요.	(×)	도대체 누가 늦게 내는 거예요.	(○)
노력한 결과로써	(×)	노력한 결과로서	(○)
과제를 못냈다.	(×)	과제를 못√냈다.	(○)
과제를 못√했다	(×)	과제를 못했다.	(○)
딱 한번만 늦게	(×)	딱 한√번만 늦게	(○)
공부도 잘하는데다가	(×)	공부도 잘하는√데다가	(○)

NOTE

09

서술식 시험 답안 쓰기

 학습목표 ✿ 서술식 시험의 문제 유형을 이해한다.
서술식 시험 답안 작성 형식을 안다.

◆ 주제: 한국어와 한국어교육
◆ 표현: 설명하라, 정의하라, 기술하라, 예를 들어서 설명하라, 특징을 열거하라, 논하라, 서술하라, 본인의 생각을 서술하라, -(이)란 -이다, -(이)란
-을/를 말한다, 예를 들어서, 예를 들면, 첫째, 둘째, 셋째, 즉, 다시 말하면
-이다, 이상으로 -에 대하여 살펴보았다, 위에서 설명(논)한 바와 같이/앞에서
살펴본 바와 같이
◆ 쓰기: 서술식 시험 답안 작성하기

01. 대학교에서 어떤 시험을 본 적이 있습니까?

　　□ 필기시험　　　□ 실기시험　　　□ 면접시험　　　□ 구두시험

02. 다음은 필기시험의 종류입니다. 알맞은 것을 연결하십시오.

1) 객관식 시험　•

　　• ① 주제에 대한 의견을 쓰는 시험 : 배운 내용을 바탕으로 문제를 해결하는 여러 가지 방법과 다양한 생각의 방법을 종합적으로 평가

2) 주관식 시험　•

　　• ② 질문에 간단한 대답을 쓰는 시험 : 배운 내용을 잘 이해하고 있는지 평가

3) 서술식 시험　•

　　• ③ 보기를 주고 답을 고르는 시험 : 내용에 대한 이해 능력과 짧게 쓰기(요약), 외운 내용(암기)을 평가

객관식 시험

주관식 시험

서술식 시험

1. 서술식 시험이란 무엇입니까?

> **서술식 시험**
> • 서술식 시험은 문제에 대해서 자유로운 형식으로 쓰는 시험이다. 배운 내용에 대한 개념이나 문제
> 해결 과정을 평가한다. 중요한 전공용어를 함께 써야 한다.
> • 논술식 시험은 서술식 시험의 한 종류이다. 논리적인 과정을 통해서 문제를 해결하고 그 결과를 쓰
> 는 시험이다. 배운 내용을 바탕으로 내 의견을 설득력 있고 완결된 구조로 써야 한다.

[1~2] 다음은 서술식 시험의 답안입니다. 읽고 질문에 답하십시오.

문제 : 대학 교육에서 '사고와 표현'을 배우는 이유에 대해서 　　　⊙　　

ⓛ 대학에 들어와서 가장 들어야 하는 수업은 무엇일까? 영어, 전공 등등 많지만 그 중에서 나는 사고와 표현을 꼽을 것이다. 왜 하필이면 강의명이 사고와 표현일까?

ⓒ 사고와 표현이란 말 그대로 '사고, 즉 생각하는 것을 표현한다'이다. 이 활동을 하게 되면 분명 뇌 활동이 보다 더 창의적이고 활발하게 될 텐데도 불구하고 우리나라의 교육과정 초, 중, 고 12년을 통틀어 내 생각을 글로 쓰는 것은 초등학교 시절 일기쓰기, 독후감 쓰기가 아니었나 생각된다. 그 이후는 오직 대학을 위한 주입식 교육뿐이었을 테니 말이다. ⓔ 그러므로 목표 달성된 대학생인 지금, 이제는 내 생각을 글로 표현할 수 있어야 한다.

하지만 그동안 그런 것을 배운 적이 없기에 한계가 있을 것이다. ⓜ 그러므로 사고와 표현 수업을 통해 방법을 배우고 나를 더 한층 성장시켜야 한다.

현재의 치열한 경쟁 사회에서 살아남으려면 남보다 눈에 띄는 것 하나 정도는 있어야 할 것이다. 사고와 표현 수업을 기반으로 한 글쓰기는 단연코 경쟁사회에서 메리트가 있을 것이다.

(국현?과 1학년 한국인 학생)

---

01. 이 시험의 문제는 어떤 유형입니까? ⊙에 들어갈 알맞은 번호를 고르십시오.

① 맞는 답을 고르라　　　　　　　② 정확하게 설명하라

③ 정리해서 요약하라　　　　　　④ 자신의 생각을 서술하라

02. ⓛ~ⓜ 중에서 이 사람이 '사고와 표현'을 강조한 부분이 아닌 것은 어디입니까?
번호를 고르십시오.

① ⓛ　　　　　　② ⓒ　　　　　　③ ⓔ　　　　　　④ ⓜ

2. 서술식 시험은 어떻게 써야 합니까?

> **서술식 시험 답안 작성 방법**
> • 문어체를 사용해서 한 편의 완결된 글이 되도록 쓴다.
> • 문제를 읽고 무엇에 대해서 쓰는지 정확하게 알아야 한다. 문제를 잘 읽고 적절하게 대답해야 한다.
> • 답안을 객관적으로 쓰기 위해서 구체적인 예를 들면 좋다. '너무', '아주'와 같은 감정적인 표현은 쓰지 않는다.
> • 답안을 잘 쓰고 싶으면 먼저 수강한 선배에게 어떤 문제가 나왔는지 미리 알아본다.

❶ 설명하라, 기술하라 : 문제 유형 1

• 전공 용어의 뜻이나 개념에 대해서 배운 것을 쓴다.
• 많이 쓴다고 좋은 것은 아니다. 주요 용어나 개념을 사용하여 두세 단락 정도 쓴다.
• 배운 것과 같은 문장으로 쓰는 것보다는 자신의 말로 바꿔 쓰는 것이 좋다. 자신의 의견이나 생각을 지나치게 많이 쓰지 않도록 한다.

> 예 한국어 높임말의 특징에 대해 설명하라.
> 가계, 기업, 정부를 포함하는 3부문 경제 순환 모형에 대해 기술하시오.

❷ 예를 들어서 설명하라, 특징을 열거하라 : 문제 유형 2

• 문제에 대해 알고 있는 내용을 객관적으로 쓴다. 중요한 용어나 개념을 적절한 예와 함께 써야 한다.
• 교수님이 보기로 설명한 것, 전공책의 예를 써도 좋고, 자신이 알고 있는 예를 써도 된다.

> 예 한국어와 모국어를 비교하여 특징을 열거하라.
> 가족의 변화 요인에 대해 예를 들어서 설명하시오.

❸ 논하라, (본인의 생각을) 서술하라 : 문제 유형 3

• 배운 내용을 바탕으로 자신의 생각과 의견을 자세히 쓴다. 다른 사람의 의견과 내 의견을 구분해서 적절하게 쓴다. '내 생각'만 쓰지 말고 자신이 그렇게 생각하는 이유를 예를 들어서 써야 한다.
• 답안을 완결된 한 편의 글로 쓴다. 앞부분, 중간부분, 끝부분으로 내용을 세 단락으로 구분하는 것이 좋다.

서술식 답안의 구성
서론, 본론, 결론을 갖춘 완결된 형식

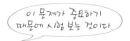
이 문제가 중요하기 때문에 시험 보는 것이다.

앞부분 (서론)	• 문제에 대한 파악 (문제를 낸 교수님의 의도 설명) • 문제의 중요 개념에 대한 정의 • 문제의 중요성을 강조하는 내용
중간부분 (본론)	• 생각과 의견에 대한 예 • 이 문제에 대한 중요한 대답 • 배운 내용을 바탕으로 하는 다양한 자신의 생각과 의견
끝부분 (결론)	• 지금까지 내용에 대한 정리 • 앞으로 더 생각해야 할 점 • 이 문제에 대한 미래의 전망

예) 효과적인 한국문화 교육 방안에 대해 서술하라.

청소년의 사회생활을 위한 의사소통 능력을 대화 차원에 초점을 두어 논하시오.

자주 쓰는 표현은 무엇이 있습니까?

❶ -(이)란 -이다, -(이)란 -을/를 말한다 : 정의

- 답안의 앞부분에서 중요한 개념이나 문제에서 어려운 개념을 쉽게 설명한다.
- 정의(定義, definition)'는 중요한 개념이나 문제의 가장 중요한 의미를 가장 정확하게 설명하는 것이다. "-A(이)란 B이다"로 쓴다. 정의할 때는 단어를 반복해서 쓰면 안 된다.
- 문장은 '-이다'로 끝난다. 반대말을 쓰거나 '-아니다'를 쓰면 안 된다.

예	정의하는 부분	다른 것과 구별되는 내용	정의를 받는 부분
	경영학이란	기업의 조직과 관리를 연구하는	학문이다. (○)
	외래어란	외국에서 들어온 단어를 한국어처럼 사용하는	것을 말한다. (○)
	학생이란	공부하는 것 같다. (×)	
	여자란	남자가 아닌	사람이다. (×)
	예술가란	예술을 하는	사람이다. (×)

01. 다음 메모를 보고 정의하십시오.

- 조사 : 단어 사이의 문법적 관계, 말
- 단락 : 글에서 독자의 이해를 쉽게, 하나의 생각, 단위

조사 ①

단락 ②

❷ 예를 들어서, 예를 들면 : 예시

- 쉽고 구체적으로 설명하기 위해서 보기를 쓴다.

  ㉔ 1. 한국어는 높임법이 있다. 예를 들어서 나이가 어린 사람에게는 '안녕'하고 인사를 하고 나이가
  많은 어른에게는 '안녕하십니까?'하고 인사한다.
  2. 경제가 발전하는 아시아 국가의 예를 들면 한국, 중국, 베트남이 있다.

❸ 첫째, 둘째, 셋째 : 나열

- 여러 가지 내용을 순서대로 정리한다. 순서가 있으면 평가하는 사람이 읽기도 좋다.
- 시험문제를 쓸 때는 '①, ②' 번호 대신 사용한다.
- 첫째, 다음에 주제 문장을 쓴다. 단락의 앞쪽에 주제문을 쓰는 것이 좋다.

  ㉔ 어휘 교육에는 세 가지 방법이 있는데 다음과 같다.
  첫째, 학생들에게 학습 목표를 준다. 학생들이 공부할 때 무엇을 공부할 …
  둘째, 학생들의 흥미를 유발한다. 그날 배울 내용에 대해서 재미를 …
  셋째, 하루에 학습하는 어휘의 숫자를 적당하게 한다. 배운 어휘를 …

❹ 즉 –이다, 다시 말하면 –이다 : 반복, 강조

- 같거나 비슷한 내용을 다른 말로 바꿔서 쓴다.
- 내가 이해한 말로 바꿔서 쓰는 것으로, 중요 내용을 잘 이해하고 있다는 것이다.

  ㉔ 소비자 행동론이란 소비자들이 그들의 욕구를 충적시켜 주리라 기대하는 제품이나 서비스 혹은
  아이디어를 탐색, 구매, 사용 및 평가함에 있어서 보여주는 행동이다. 즉, 소비자 행동론이란
  소비자가 물건을 사는 구매결정과정과 평가의 과정이다.

❺ 이상으로 –에 대하여 살펴보았다, 위에서 설명(논)한 바와 같이,
  앞에서 살펴본 바와 같이 : 정리

- 답안의 마지막 부분에서 내용을 정리한다. 끝부분 문단의 맨 앞에 쓴다.
- 설명하거나 기술하는 문제의 경우 이 표현 다음에 지금까지 쓴 문제에 대해서 간단하게
  정리한다.
- 논하거나 서술하는 문제의 경우 자신의 의견을 간단하게 쓰면서 강조하고, 이 문제와
  관련된 더 하고 싶은 말이 있으면 쓴다.

예 1. 이상으로, 한국어 어휘 교육 방법에 대하여 살펴보았다. 한국어 어휘를 잘 가르치기 위해서는 학생의 수준, 학생에게 흥미를 주는 것, 하루에 공부하는 어휘의 양을 미리 계획해야 한다.
　　2. 위에서 논한 바와 같이(앞에서 살펴본 바와 같이) 한국어의 어휘는 한국의 문화와 특징을 알 수 있기 때문에 어휘 교육은 언어 교육의 시작과 끝이 될 수 있을 만큼 중요하다.

02. 다음 내용을 서술식으로 쓰십시오.

•저출산 : 현재의 인구 유지가 불가능할 정도로, 부부 한 쌍이 출산하는 아이 수가 1.5명 미만으로 출생률이 저하되는 것

　예 대한민국, 일본, 독일, 이탈리아 등

문제 : 저출산에 대해서 설명하라.

저출산 ①＿＿＿＿＿＿＿＿ 현재의 인구 유지가 불가능할 정도로, 부부 한 쌍이 출산하는 아이 수가 1.5명 미만으로 출생률이 저하되는 ②＿＿＿＿＿＿＿ ③＿＿＿＿＿＿＿＿ , 자녀를 낳지 않거나 ④＿＿＿＿＿＿＿ 저출산 국가에는 ⑤＿＿＿＿＿＿＿ 대한민국, 일본, 독일, 이탈리아 등이 있다.

03. 다음 문제의 답을 <보기>와 같이 쓰십시오.

문제 : 문어체에 대하여 예를 들어서 설명하라.

<보기> 한국어는 말과 글이 있다. 문어체란 책이나 발표에서 사용하기 위한 말이다. 문어체는 '-한다'로 문장이 끝난다. 예를 들어서 '민수 밥 먹어요'를 말하면 이해할 수 있어도 문어체로 '민수가 밥을 먹다'로 쓴다.

문제 : 한국어 조사에 대하여 예를 들어서 설명하라.

서술식 시험 답안 쓰는 연습을 합니다.

[1~3] 다음은 서술식 시험 문제와 답안입니다. 잘 읽고 질문에 대답을 하십시오.

문제 : 외래어 표기법에 대해서 예를 들어서 서술하라

언어마다 특징이 다르기 때문에 다른 나라의 말을 비슷하게 발음하면 된다. 하지만 책에서는 규칙이 필요하다. 그래서 만든 것이 외래어 표기법이다.

외래어 표기법 ① [   ] 외국에서 들어온 단어를 한국어로 표기하는 ② [   ]. 국립국어원에서 1986년 만든 규칙이다. 한국 사람들은 외국에서 들어온 새로운 단어를 한국 사람에게 익숙한 발음으로 쓴다. 언어의 특성을 고려하여 중국어, 베트남어, 프랑스어 등 현재 21개 언어의 외래어 표기법이 있다. 외래어 표기법 중에서 기본 규칙은 ③ [   ]

④ [   ], 외래어는 한 개의 소리는 1개의 글자로 쓴다. ⑤ [   ] sports(스포츠) 와 stress(스트레스)는 둘 다 영어에서는 여섯 개의 글자이지만 읽었을 때 한국어에서 한 개의 소리이므로 한 글자로 쓴다.

⑥ [   ], 한국어에서 받침으로 사용하는 글자는 많지만 외래어의 받침은 'ㄱ, ㄴ, ㄹ, ㅁ, ㅂ, ㅅ, ㅇ'만 쓴다. 한국어는 받침의 글자가 달라도 소리는 일곱 가지만 있다. 그래서 외래어를 쓸 때는 일곱 글자만 쓴다. biscuit(비스킷)은 '비스켙'이나 '비스켄'으로 쓰지 않는다.

⑦ [   ] 외래어 표기법의 규칙은 외국에서 들어온 말을 한국어로 쓰기 위한 방법이다. 요즘 외래어가 많아서 이 규칙을 알아야 한다.

---

01. 알맞은 표현을 〈보기〉에서 골라 쓰십시오.

〈보기〉 다음과 같다   (이)란   이다   첫째   둘째   앞에서 살펴본 바와 같이   예를 들면

---

02. 시험 답안의 내용을 '앞부분-중간 부분-끝부분'으로 나누어 보십시오.

03. 시험 답안의 앞부분에 추가할 내용으로 알맞은 것을 고르십시오.

① 한글의 특징   ② 외래어의 정의
③ 한국어의 특징   ④ 한국어 단어의 종류

04. 다음은 학생이 쓴 답안입니다. 모범 답안이 되도록 빈칸에 알맞은 내용을 쓰십시오.

문제 : 한국어의 특징에 대해서 서술하시오.

〈보기〉 한국어 40개 자모 있다. 그리고 40개 중에서 21개 모음, 19개 자음 보통 한국어 중 동사는 마지막에 있다. 한국어 어순 다른 나라 보다 좀 다르다. 한국에는 주어 목적어 그리고 술어 한국어는 주어와 목적 항상 필요 없다.

　높은 사람 앞에서 높임말을 사용한다. 한국어 좀 외래어 많이 있다. 그리고 고유어도 있다. 나이가 같은 사람 앞에서 반말로 할 수 있다. 한국어 좀 어렵다.

(경영학과 2학년 유학생)

⇩

앞부분	〈보기〉 ~~한국어는 한국과 북한을 중심으로 사용하는 언어이며, 전 세계에서 사용 순위가 13위인 언어이며 사용자가 계속 늘고 있다.~~ 한국어를 공부하면서 모국어와 다른 특징을 알 수 있었다. 한국어의 특징은 다음과 같다.
중간부분	① _____, 한국어의 어순이 다른 나라와 좀 다르다. 한국에는 주어, 목적어 그리고 술어의 순서이며 한국어에서 동사는 마지막에 있다. 한국어는 주어와 목적어가 항상 필요한 것은 아니다. 예를 들어서 ② _____ ③ _____ 예를 들어 '민수가 밥을 먹었어요.'는 높임말로 바꾸면 '할아버지께서 진지를 드셨어요.'로 말한다. 그리고 나이가 어리거나 같은 사람 앞에서는 '밥 먹어'처럼 반말로 할 수 있다. ④ _____
끝부분	⑤ _____ 나는 한국어를 2년 동안 배웠지만 모국어와 달라서 이런 특징을 가진 한국어를 배우기가 좀 어려웠다. 그렇지만 한국어를 배울 때 한국어의 특징을 잘 안다면 더 쉽게 배울 수 있다고 본다.

01. 한국어의 9품사에 대하여 서술하라.

_____

_____

_____

_____

_____

_____

_____

_____

_____

※ 자신이 쓴 답안을 다시 읽고 평가하십시오.

	잘했다	보통	못했다
	5	3	1
1. 문어체로 썼다.			
2. 품사에 대한 정의가 있다.			
3. 전공 용어를 적절하게 썼다.			
4. 9품사에 대한 설명이 모두 있다.			
5. 처음-중간-끝이 있는 완결된 구성이다.			
점수			____ 점

어휘와 표현

용어	technical term	用语
개념	concept, idea	概念
뜻	meaning, sense	意思
정의	definition	正义
논하다	discuss	论
서술하다	description	叙述
평가	assessment, judgment	评价
중요	important	重要
강조	emphasis	强调
미래	thefuture	未来
전망	prospect	展望
생각	thought	想法
의견	opinion	意见

서술식 시험 준비 방법

Q1. 시험 답안은 무엇으로 써야 합니까?

A. 검정색 펜이 가장 좋다. 연필, 샤프를 사용할 경우 글자를 크게 쓴다. 틀린 글자를 지울 지우개나 수정액 같은 것을 꼭 준비한다.

Q2. 시험 점수를 잘 받고 싶으면 어떻게 해야 합니까?

A. 전공에서 배운 내용도 중요하지만 시험 문제를 만들고 평가하는 사람은 교수님이다. 강의 시간에 교수님의 이야기를 듣고 잘 메모한다. 서술식 시험은 많은 내용을 쓰기 때문에 시간이 부족할 때가 많다. 시험 전에 쓰는 연습을 꼭 한다.

Q3. 답을 많이만 쓰면 됩니까?

A. 많이 쓴다고 좋은 점수를 받지 못한다. 그렇지만 중요한 내용을 쓰고 알맞은 예를 들면 많이 쓴 것이 더 좋은 점수를 받을 수도 있다. 하지만 글자 수에 제한이 있으면 필요한 만큼만 써야 한다.

Q4. 배운 것을 많이 써야 합니까? 내 의견을 많이 써야 합니까?

A. 서술식은 교재의 내용과 교수님의 설명을 쓴다. 논술식은 자신의 생각을 배운 내용과 함께 쓴다.

Q5. 한국어 문법과 맞춤법을 잘 틀리는데 어떻게 써야 합니까?

A. 시험 문제를 낸 교수님은 답의 문법이나 맞춤법 보다 중요 전공 단어가 얼마나 적절하게 있고, 그 내용을 얼마나 잘 알고 이해했는지를 평가한다.

제3부

대학 보고서 쓰기

NOTE

10

대학 보고서의 특징과 개요 쓰기

01. **알맞은 것을 찾아서 연결하십시오.**

1) 제출하다 •   • ① 서류나 보고서를 어디에 내다.

2) 감상하다 •   • ② 마지막으로 내는 날짜이다.

3) 조사하다 •   • ③ 어떤 것을 잘 알기 위해서 자세히 살펴보거나
                                     자료를 찾다.

4) 논증하다 •   • ④ 책, 영화, 그림 등을 이해하고 평가하다.

5) 분석하다 •   • ⑤ 어떤 것을 잘 알기 위해서 살펴보고 자세히 나누어
                                     보다.

6) 마감 기한 •   • ⑥ 주제가 맞거나 틀린 이유를 근거를 들어서 설명하다.

02. **대학교에서 보고서를 쓰는 이유가 아닌 것은 무엇입니까?**

① 연구에 대하여 보고하기 위한 글이다.

② 실력을 평가하고 점수를 받기 위한 것이다.

③ 주어진 업무에 대하여 발표하기 위해서이다.

④ 주제에 대하여 종합적으로 사고하고 연구하기 위해서이다.

1. 대학 보고서란 무엇입니까?

❶ 대학 보고서

- 보고서란(Report, 報告書) 어떤 일에 대하여 연구하거나 조사한 내용 또는 업무에 대한 사항을 글로 정리한 것이다.
- 대학 보고서란 학생이 교수에게 제출하는 과제이다. 주제에 대하여 공부하고 조사, 연구한 내용을 쓴 글로 리포트, 과제라고 부른다. 보고서는 대학생들이 연구와 학습을 위해서 가장 많이 쓰는 글이다.
- 대학에서는 보고서로 학생의 실력을 평가한다.
- 대학 보고서는 혼자서 제출할 수도 있고, 여러 명이 같이 써서 제출할 수도 있다.

❷ 대학 보고서의 형식

- 대학 보고서는 과제로 내기 때문에 형식을 지켜서 제출해야 한다.
- 형식은 학교마다, 전공마다 약간씩 다를 수도 있다. 보고서를 제출하기 전에 반드시 필수적인 형식을 확인한다.
- 보고서를 종이로 출력해서 제출하기도 하고, 대학교 홈페이지에 보고서 파일을 첨부하기도 한다. 미리 보고서 제출 방식과 날짜를 알아야 한다.

구 분		특 징
형식	표지	제목, 목차, (제출하는)과목명, 담당교수, 학번, 이름을 한 장에 쓴다.
	목차	보고서의 순서이다. 1~2장 정도의 짧은 보고서는 생략하기도 한다. 내용을 정리한 것이다.
내용	보고서 내용	보고서는 내용을 세 부분이나 네 부분으로 구분해서 쓴다. '서론(들어가는 말, 머리말), 본론(본문), 결론(나가는 말, 맺음말)' 또는 '서론, 본론1, 본론2, 결론'으로 쓸 수 있다.
형식	참고자료	보고서를 쓸 때 사용한 책, 인터넷 사이트, 뉴스 등 자료를 모두 정리한 것이다.

2. 대학 보고서의 구성

한국 놀이 문화의 특징

과목명: 사고와 표현
담당교수: 양태영
학과: 경영학과
학번: 201610101
이름: 왕리
제출일: 2016년 5월 10일

- 서론, 들어가는 말, 머리말로 시작하기도 한다.
- 서론은 주제를 쓰기 전에 내용을 시작하는 부분이다.
- 중요한 단어를 정의하거나 이 문제가 중요한 이유에 대해서 쓴다.
- 한 두 단락 정도(전체의 5~10%정도)이면 적당하다.
- 서론은 보고서에 대한 흥미를 주는 부분이다.

〈차례〉

- 내용이 몇 쪽에 있는지 표시한다.
- 너무 짧은 경우는 쓰지 않아도 된다.
- 표지는 쪽 수에 포함되지 않는다.

- 보고서를 쓸 때 사용한 연구 방법이나 연구 목적 등을 서론에 쓸 수도 있고, 본론의 앞부분으로 쓸 수도 있다.

- 짧은 보고서는 '본론'으로 제목을 쓸 수 있고, 본론이 긴 경우 제목으로 쓸 수 있다.
- 중요한 주제를 쓰는 부분으로 내용이 단락과 단락을 구성해서 관계있게 연결한다.
- 단락에 필요한 표현을 사용한다.
- 정확한 자료를 충분히 제시한다.

- 보고서를 쓰기 위해서 본 책, 인터넷 주소를 정리한다.
- 자료를 순서대로 정리한다.
- 책만 보면 '참고문헌'이라고 쓴다.
- 전체 쪽 수에 포함되지 않는다.

- '결론', '맺음말', '나가는 말'로 시작하기도 한다.
- 결론은 주제를 정리한다.
- 문제에 대한 정리와 전망을 쓴다.
- 인상적으로 기억에 남는 끝인사로 생각하면 된다.

3. 대학 보고서는 무슨 종류가 있습니까?

❶ 대학 보고서의 종류

설 명	객관적인 사실을 정의하고 예를 들어 알려주는 보고서 전공에 따라 차이는 있지만 대학 보고서의 60% 정도가 설명보고서
논 증	문제에 대해 논리적으로 근거를 쓰고 주장하는 보고서
분석(실험)	실험을 정리, 주제가 명확하며 연구 과정과 순서, 방법, 목적을 정확하게 쓰는 보고서
감 상	문학, 영화, 예술작품에 대한 주관적인 판단의 근거를 쓰는 보고서, 다른 보고서에 비해 자유로운 형식

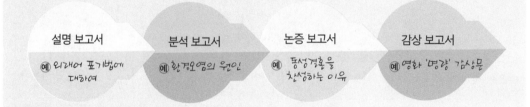

설명 보고서
예) 외래어 표기법에 대하여

분석 보고서
예) 환경오염의 원인

논증 보고서
예) 동성결혼을 찬성하는 이유

감상 보고서
예) 영화 '명량' 감상문

❷ 주제와 화제

• 글을 쓰기 전에 이 글을 왜 쓰고, 무엇을 쓰고, 누가 읽을 것인지를 생각해야 한다. 보고서를 쓰기 전에도 이를 먼저 생각하고 계획을 해야 한다.

• 보고서에서 '화제'는 글의 재료이다. 그리고 화제에 대한 자신만의 의견이나 생각이 '주제'이다. 보고서를 쓰기 전에 주제와 화제를 생각하고 찾아야 한다.

• 문장이 모여서 단락을 이루는 주제를 소주제라고 한다. 소주제가 모여서 주제가 된다.

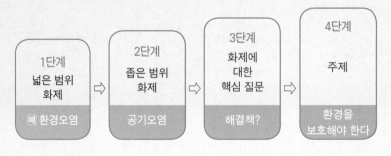

1단계
넓은 범위
화제
예) 환경오염

2단계
좁은 범위
화제
공기오염

3단계
화제에 대한
핵심 질문
해결책?

4단계
주제
환경을 보호해야 한다

1. 대학 보고서는 어떻게 구성합니까?

[1~2] 다음은 한국 문화에 대한 보고서입니다. 잘 읽고 질문에 대답하십시오.

01. 〈보기〉와 같이 각 단락의 소주제를 찾아서 쓰십시오.

	소주제

여러분은 '한국 사람 다 됐네!'하는 말을 들은 적이 있는가? 필자는 요즘 이런 말을 자주 듣는다. 한국어를 잘 해서 그런 것이 아니라 한국의 문화에 많이 익숙해졌기 때문이다. 처음에 한국에 와서는 기분이 나쁠 때가 있었다. 한국어를 잘 몰라서 무슨 뜻인지 모르기도 했지만 문화가 달라서 내가 잘 몰랐던 것이다. 한국 사람을 이해하기 위해서 문화를 소개하려고 한다.

〈보기〉
한국 문화 소개

필자가 한국에서 와서 가장 먼저 배운 단어 중 하나가 "빨리빨리"이다. 이 단어는 한국 사람의 급한 성격을 뜻하기도 하지만 지금은 한국 문화의 특징이 되었다. '빨리빨리' 문화 덕분에 전세계가 놀랄 만큼 빠르게 경제가 성장했다. 국토도 작고 인구도 적은 나라가 지금처럼 발전 할 수 있었던 것은 '빨리빨리' 문화가 있었기 때문이다.

①

그렇지만 이 문화는 단점도 가지고 있다. 첫째, '빨리빨리'에 익숙하기 때문에 사람들은 모두 급하게 살아야 한다. 나에게 '빨리빨리'가 다른 사람에게는 불편을 줄 수 있다는 것을 모른다. 한국은 음식을 배달시킨 후 15분이 지나면 빨리 배달해 달라고 전화한다고 들었다. 두 번째로 '빨리빨리'만 최고가 된다. 인터넷으로 물건을 쇼핑하다 보면 사람들은 물건에 대한 후기 보다는 빠른 배송을 장점으로 쓴다. 처음에는 이런 것을 이해할 수 없었지만 지금은 문화 때문이라고 이해한다.

②

이상으로 한국의 '빨리빨리' 문화를 살펴보았다. 예전에는 '코리안 타임(Korean Time)'이 천천히 사는 한국 사람들을 설명하는 말이었지만 지금은 '빨리빨리'가 대신하게 되었다. 한국에 사는 외국인들이 이런 문화의 특징을 잘 이해한다면 활기찬 한국 생활을 즐길 수 있을 것이라고 생각한다.

③

02. 이 글의 주제와 화제가 무엇입니까?

2. 대학 보고서는 어떻게 준비해야 합니까?

❶ 보고서 쓰는 과정

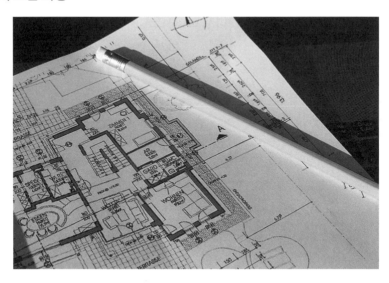

집
설계도
재료
돌, 벽돌

글
개요
자료
단어, 문장

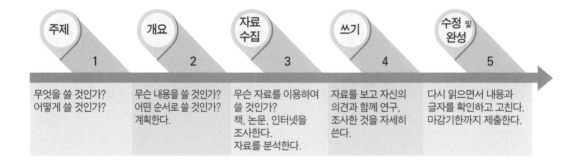

주제 1	개요 2	자료 수집 3	쓰기 4	수정 및 완성 5
무엇을 쓸 것인가? 어떻게 쓸 것인가?	무슨 내용을 쓸 것인가? 어떤 순서로 쓸 것인가? 계획한다.	무슨 자료를 이용하여 쓸 것인가? 책, 논문, 인터넷을 조사한다. 자료를 분석한다.	자료를 보고 자신의 의견과 함께 연구, 조사한 것을 자세히 쓴다.	다시 읽으면서 내용과 글자를 확인하고 고친다. 마감기한까지 제출한다.

> **개요**
>
> - 개요는 글에서 중요한 내용을 순서대로 정리한 계획이다. 글을 쓰기 전에 계획을 세워야 좋은 글을 쓸 수 있다.
> - 소주제를 계획한 것을 개요로 볼 수도 있다.
> - 개요를 준비하고 보고서를 쓰기 시작하면 보고서를 체계적이고 논리적으로 쓸 수 있다.

03. 개요를 준비하는 이유가 아닌 것을 고르십시오.

① 주제를 적절하게 쓸 수 있다. ② 글을 논리적으로 쓸 수 있다.

③ 나의 의견을 더 많이 쓸 수 있다. ④ 글의 내용과 순서를 잘 알 수 있다.

04. 보고서를 쓸 때 개요에 없는 내용도 쓸 수 있습니까?

05. 여러분이 한국 문화를 주제로 보고서를 쓴다면 어떤 특징을 생각할 수 있습니까?
아래의 표에 생각을 정리해 보십시오.

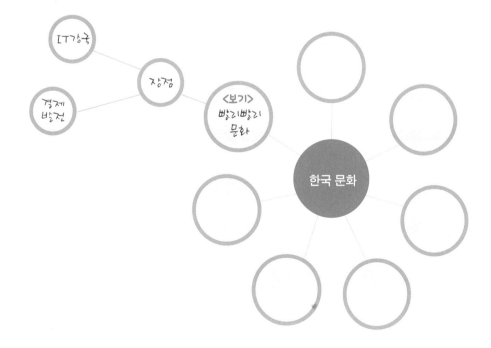

개요 쓰기를 연습합니다.

01. 다음 중 여러분이 쓸 보고서의 화제를 고르십시오.

> <보기> 한국의 문화의 특징, 한국인의 여가 생활, 대학생의 유행어, 여가 활용 방법,
> 효과적인 외국어 공부 방법, 한류, 인간관계, 인터넷, 로봇과 미래, 한국의 관광

02. 화제를 쓴 후에 화제와 관련된 생각을 하십시오. 아래에 생각을 정리하십시오. 비슷한
주제를 가진 친구와 함께 이야기하면서 써도 좋습니다.

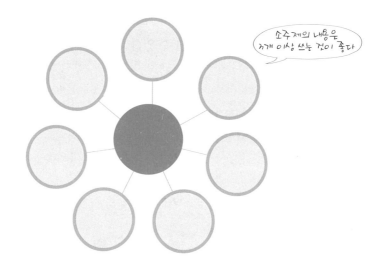

소주제의 내용은
7개 이상 쓰는 것이 좋다

04. 보고서를 쓰기 전 아래의 표에 계획을 정리하십시오.

주제는 문장으로 쓰십시오.

보고서 정보	
화제	
주제	
보고서의 목적	① 설명 ② 분석 ③ 논증 ④ 감상
제목	
분량	

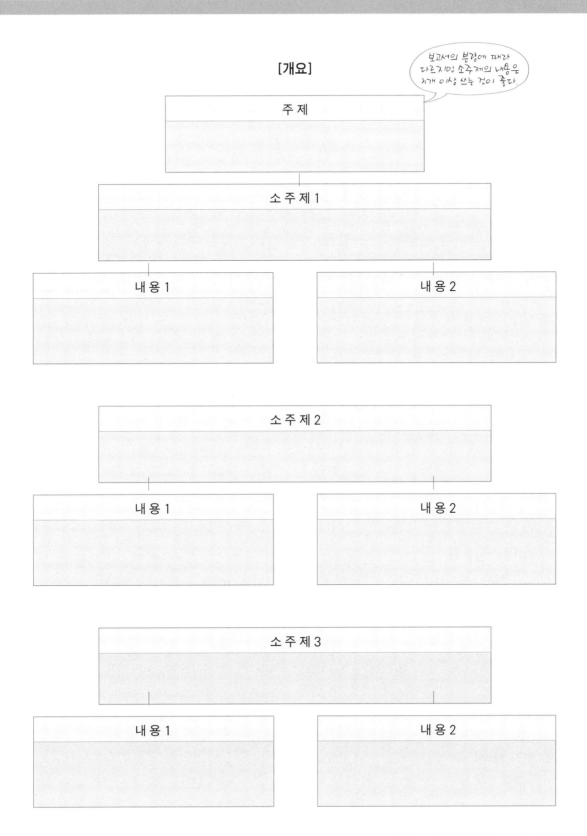

보고서 정보	
화제	
주제	
보고서의 목적	① 설명　②분석　③ 논증　④ 감상
제목	
분량	
들어가는 말 (서론) 무엇을 어떻게 왜 한다.	
하고자 하는 말 (본론)	1. 2. 3. 4. 5. 6.
정리하는 말 (결론) 요약, 전망	

02. 자신이 쓴 개요를 다시 읽고 평가하십시오. 동료와 바꿔 본 후에 서로 평가해 주십시오.

	잘했다	보통	못했다
	5	3	1
1. 보고서에 적당한 주제이다.			
2. 주제에 대한 자료를 찾을 수 있다.			
3. 독자에게 흥미를 줄 수 있는 주제이다.			
4. 주제에 대해 쓰기에 소주제가 충분하다.			
5. 보고서 개요의 순서가 논리적이어서 이해하기 쉽다.			
점수			점

03. 보고서를 쓰기 전에 책이나 신문, 인터넷 등에서 적당한 참고 자료를 찾아 오십시오.
자료의 제목, 종류, 저자, 출판된 연도를 함께 찾아오십시오.

제목	종류	필자	연도	기타

제출하다	submission	提出
내다	submission	出
종합적	overall,comprehensive	综合的
감상하다	appreciate	欣赏
조사하다	investigation, inquiry	调查
논증하다	demonstration	论证
분석하다	analysis	分析
보고하다	report	报告
마감	deadline	期限
개요	outline	概要
제목	title	题目
목차	table of contents	目录
차례	order	次序
방법	way, means	方法

개요를 쓰는 이유

❶ 미리 충분히 생각하면 계획대로 쓸 수 있다.

❷ 전체를 생각하면서 시작하면 논리적으로 쓸 수 있다.

NOTE

11

보고서 자료 인용하기

자료 인용 방법을 안다.
참고자료 정리 방법을 안다.

◆ 주제 : 한국인의 식생활
◆ 표현 : −(이)라고 하다/말하다, −다고 하다/말하다/생각하다, −에 −다는 말이 있다,
    −에 따르면, −에 의하면, −에서는, −에 따르면, −을/를 대상으로 조사한 결과
    −나타나다
◆ 쓰기 : 참고자료 인용하기, 정리하기

1. 준비하기

01. 다음 두 문장을 비교해 보십시오.

> 태백산맥 ⇨ 어른 아이 할 것 없이 굶주림에 비비거려 허깨비 걸음을 걸으며
>
> 경성애사 ⇨ 어른 아이 할 것 없이 굶주림에 비비거려 허깨비 걸음을 걸으며
>
> 휘둘리고 부황기는 눈에까지 퍼져 흰지위가 누르스듭하게 물들어 있었다. 그런
>
> 휘둘리고 부황기는 눈에까지 퍼져 흰지위가 누르스듭하게 물들어 있었다. 그런
>
> 사람들에게 움직임이 없는 물체마저 흔들리고 어릿거리며 출렁거려
>
> 사람들에게 움직임이 없는 모든 물체마저 흔들리고 어릿거리며 출렁거려
>
> 보였다. 오전의 비가 완전히 개인 하늘과 땅 사이를 가득 채운
>
> 보였다. 그런데 하늘과 땅 사이를 가득 채운
>
> *조정래의 소설 '태백산맥'과 이선미의 소설 '경성애사'*

1) 다른 작가의 소설입니다. 다른 사람의 글을 가지고 와서 쓰는 것에 대해서 어떻게 생각합니까?

2) 문장에서 몇 단어가 연속으로 같으면 다른 사람의 글을 보고 썼다고 생각할 수 있습니까?

1. 표절이란 무엇입니까?

❶ 표절

- 표절(plagiarism, 剽竊)이란 다른 사람이 쓴 글뿐만 아니라 사진, 그림, 표, 아이디어 등을 인용 표시 없이 자기 것처럼 사용하는 것이다.
- 연속으로 여섯 단어 이상이 똑같으면 표절로 본다.
- 글의 자료가 같거나 비슷한 것도 표절로 본다.
- 인터넷에서 사진이나 글을 사용한 경우 보고서에 출처를 써야 한다.

- 요즘 학생들이 표절하지 않도록 표절을 자동으로 검사하는 프로그램을 사용하는 대학이 많다. 대학 보고서가 표절로 판정되면 점수를 받지 못할 수도 있다.
- 2012년 헝가리는 대통령의 논문 표절이 알려져 대통령을 그만두었다. 전세계적으로 표절은 중대한 죄이다.

❷ 표절 검사 프로그램

> 대부분의 대학에서는 대학생 과제의 표절을 검사하는 프로그램을 사용한다. 전체 표절률과 표절한 자료를 찾아 준다.

2. 인용이 무엇입니까?

❶ 인용

- 인용(quotation, 引用)이란 자기의 생각을 주장하기 위해 남의 말이나 글, 생각을 가져와 쓰는 방법이다.
- 다른 사람의 글, 자료를 보고서에서 활용할 때는 어디에서 가지고 왔는지 정확히 써 주어야 한다.
  - 다른 사람이 쓴 글을 존중하는 태도로 인용한다.
  - 보고서가 객관적인 증거와 자료가 있다는 것을 보여준다.
  - 보고서를 읽는 사람에게도 중요하고 자세한 정보를 알려 준다.
- 인용은 꼭 필요한 경우에 사용하고 어디에서 보았는지를 꼭 쓴다.
- 인용하는 자료는 가능하면 신문, 책, 논문과 같은 공식적인 것을 사용한다.
- 보고서는 충분하고 믿을 수 있는 정확한 자료가 필요하기 때문에 도표, 표, 자료 등을 적절하게 인용해야 한다.

01. 다음 글을 읽고 질문에 답하십시오.

외국인에게 한국을 대표하는 문화를 질문한다면 1위는 무엇일까? 담백하고 다양한 음식의 한식? 한옥? 아름다운 색깔의 한복? 아마도 많은 대답이 가능할 것이다. 이 중에서 필자는 윗사람에 대한 '효'를 첫 번째로 이야기하고 싶다.

1996년도에 노벨경제학상을 수상한 미국 시카코대학의 〈게리 베커〉 교수는 '한국인은 전통적인 대가족 제도와 효(孝)사상으로 한강의 기적을 이뤄냈다. 앞으로 이 두 가치를 잃어버린다면 한국의 재도약은 어려울 것이다.'라고 말한 적이 있다. 한국을 찾았던 LA 타임스의 존 스미스 기자는 "그 어떤 것보다 인상적이었던 것은 성묘를 위해 먼 길을 달려가던 사람들의 끝없는 행렬"이었다고 말했다.

너무나도 익숙해서 잘 깨닫지 못하고 있을지 모르지만 분명 한국인들이 가진 '효'의 마음은 우리 같은 외국인들에게는 특별한 것이다.

1) 이 글의 주제는 무엇입니까?

2) 이 글에서 인용한 부분을 찾으십시오.

3) 인용을 하는 이유는 무엇입니까?

3. 참고자료는 어떻게 정리해야 합니까?

참고자료 (참고문헌)

• 인용한 자료를 모아서 정리한 것이다.
• 필자의 이름을 가나다순으로 정리한다.
• 같은 종류의 자료를 모아서 정리한다.
• 한국과 중국 같은 동양책을 먼저 쓰고, 다음 서양책을 쓴다.

여기서 소개한 것은 인문 분야의 참고 자료 정리 방법이다. 참고자료 정리는 전공에 따라 조금씩 다르기 때문에 각 전공에서 일반적으로 사용하는 방법을 알아 두어야 한다.

❶ 책

김성수, 진정복 꼬미정, 김병승. 2012. 유학생을 위한 한국어대학 글쓰기. 박이정

❷ 신문

필자 이름   출판 년도   책 이름   출판사   기자 이름   제목   신문 이름   면   기사 일자

❸ 인터넷 자료

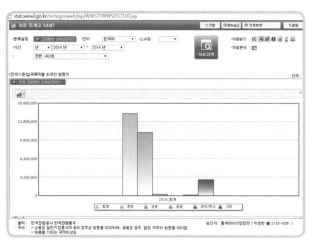

김미영. "기업사회책임 공론화 시급" 『시민일보』. 1면. 2015. 11.12.

입국 목적별 외국인 방문객, 서울통계, http://stat.seoul.go.kr/octagonweb/jsp/WWS7/WWSDS7100.jsp (2015.11.20)

제목   홈페이지 이름   홈페이지 주소   검색한 날짜

1. 인용은 어떻게 해야 합니까?

❶ -(이)라고 하다/말하다 : 직접인용

- 직접 읽거나 들은 문장을 똑같이 쓰는 것이다. 직접 인용이라고 하며 " "(큰따옴표)를 함께 사용하여 표시한다.

> 예 리타 : 보고서 제출 기한이 언제예요?
> 왕리 : 다음주까지예요.
> 리타가 "보고서 제출 기한이 언제예요"라고 물어봤다.
> 왕리는 "다음주까지예요"라고 말했다.

❷ -다고 하다/말하다/생각하다 : 간접인용 1

- 읽거나 들은 내용 중에서 주요 부분만 쓰는 것이다. 내가 이해한 내용으로 짧게 쓴다. ' '(작은따옴표)를 사용하여 표시하기도 한다.
- 3줄 이상의 긴 부분을 인용할 경우에는 문단으로 쓴다. 인용 할 때 불필요한 부분은 "…(줄임표)"를 사용하여 생략한다.

> 예 "학교에 갑니다." / 학교에 간다고 말했다.
> "학교에 갑니까?" / 학교에 가냐고 말했다.
> "학교에 갑시다." / 학교에 가자고 말했다.
> "학교에 가십시오." / 학교에 가라고 말했다.

01. 다음 〈보기〉와 같이 간접 인용하십시오.

> 〈보기〉 음식보감 : 아침을 먹어야 건강에 좋다.
> ⇨ 음식보감에 따르면 아침을 먹어야 건강에 좋다고 한다.

① 선배 : 한국인은 밥의 힘으로 산다.

⇨

② 정서영 교수 : 한국인의 식생활에서 무엇이 문제인가?

⇨

❸ -에 -다는 말이 있다 : 간접인용 2

- 유명한 사람의 잘 알려진 말이나 속담을 인용할 때 사용한다.

> 예 한국 속담 '발이 넓다'
> ⇨ 한국 속담에 발이 넓다는 말이 있다. 이 말은 인간관계가 넓은 사람에게 사용한다.

❹ -에 따르면, -에 의하면, -에서는 : 인용 출처 알리기

- 글이나 말을 한 사람에 대해서 '-에 의하면', '-에서는'을 함께 사용한다.

> 예 1. 책 : 김우룡·장소원, 2004년. 비언어적커뮤니케이션론. 나남출판. 159쪽
> 김우룡·장소원, (2004:159)에 따르면 한국이나 일본에서는 고개를 숙여 정중하게 인사한다. 서양 사람들은 고개 숙이는 것을 비굴하다고 생각하지만 한국인들은 상대방에 대한 존중과 겸손의 표시라고 생각한다고 하였다.
> 2. 신문 : '경향신문. 최희진, 2016.01.11. 12면'
> → 경향신문(2016.01.11:12)에 의하면 청소년 복지 이념이 지금은 국가와 사회의 책임을 강조하고 있다고 하였다.
> 3. 인터넷 '이초희(2015.11.04. 아시아경제(http://www.asiae.co.kr/news)'
> → 이초희(2015.11.04. 아시아경제(http://www.asiae.co.kr/news)에서는 한국인 식습관이 변해서 김치의 소비가 줄고 김장도 안 담근다고 한다.

❺ -에 따르면, -을/를 대상으로 조사한 결과 -나타나다 : 자료인용

- 통계자료를 인용할 때는 조사한 곳, 조사한 대상, 결과를 함께 써야 하며, 어디에서 봤는지도 함께 쓴다.
- 인용한 자료를 자세히 쓸 때는 보고서의 아래쪽에 정리해 준다.

> 조사한 곳 : 보건복지부와 질병관리본부조사
> 출처 : 2015국민건강통계
> 조사기간 : 2015년
> 조사대상 : 20~65세 남녀 3,500명

> 예 보건복지부와 질병관리본부의 '2015국민건강통계'에 따르면 2015년 국민건강영양조사에서 20~65세 남녀 3,500명을 대상으로 조사한 결과, 21세기 한국인 하루 평균 커피는 1.7잔씩 마시고 가장 자주 먹는 반찬은 김치이며 하루 7.5시간쯤 앉아서 지내고 6.8시간 자는 것으로 나타났다.

02. 다음 글을 보고 인용하십시오.

> 인간이 살아있다는 것은 커뮤니케이션을 한다는 것이다. 나와 남이 끝없이 사상과 의미, 정보와 느낌을 주고 받는 행위가 커뮤니케이션이다. 넓게는 미디어의 접촉뿐 아니라 외부환경과의 교섭이 그것이고 좁게는 개인 내부의 지각과 반응, 곧 자아 커뮤니케이션까지를 포함한다.
>
> 김우룡·장소원 2004년. 비언어적커뮤니케이션. 나남출판. 19쪽

1) 직접 인용하십시오.

2) 간접 인용하십시오.

2. 참고자료는 어떻게 정리해야 합니까?

> **[참고자료 정리하기]**
>
> • 참고자료가 여러 종류일 때 책을 먼저 정리하고, 논문을 정리하고, 인터넷 자료를 정리한다.
> • 여러 나라의 자료가 있을 때 먼저 한국 자료를 정리하고, 다음은 동양 다른 나라의 자료를 정리하고 서양의 자료를 정리한다.
> • 저자의 이름 순서 또는 책이름 순서로 정리한다. '가, 나, 다' 순서로 정리한다.
> • 전공에 따라 다른 방법을 사용하기 때문에, 전공 책 뒤에 있는 참고자료 정리 방법을 확인해 본다.

03. 다음 참고자료를 맞는 순서로 정리한 것을 고르십시오.

> **[참고자료]**
> ① 양태영. 2010. 설명텍스트의 표지와 텍스트구조 분석. 한국어 의미학 31. 한국어의미학회.
> ② 이석주. 2002. 한국어 문화의 내용별·단계별 목록 작성 시고. 이중언어학 21호. 이중언어학회.
> ③ 성기철. 2001. 한국어 교육과 문화교육. 한국어교육 12-2. 국제한국어 교육학회.
> ④ 신현숙 외. 2013. 한국어와 한국어 교육II. 푸른 사상.
> ⑤ 김성수 외. 2013. 유학생을 위한 한국어 대학 글쓰기. 박이정.
> ⑥ 김미영. 2015. 11.12. "기업사회책임 공론화 시급"『시민일보』. 사회면.
> ⑦ 서울통계. http://stat.seoul.go.kr/octagonweb/jsp/WWS7/WWSDS7100.jsp (2015.11.20.)
> ⑧ Brinker. Klaus. Linguistische Texyanalyses. 1985. Erich Schmidt Verlag GmbH & Co., Berlin. 이성만 역. 2004. 텍스트언어학의 이해 : 수정 제5판. 도서출판 역락.

❶ ⑤-③-④-①-②-⑥-⑦-⑧   ❷ ⑧-⑦-⑤-③-④-①-②-⑥

❸ ⑥-⑤-③-④-①-②-⑧-⑦   ❹ ①-②-⑥-⑦-⑤-③-④-⑧

저자 이름은 '가나다 순서로 정리한다.

1. 인용을 연습합니다.

01. 다음 기사를 〈보기〉와 같이 알맞게 인용하십시오.

"한국인의 밥상이 변하고 있다"

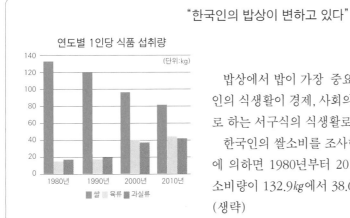

연도별 1인당 식품 섭취량

(단위:kg)

■쌀 ■육류 ■과실류

김유진 기자. 박이정뉴스. 2011.03.01

밥상에서 밥이 가장 중요하고 반찬을 곁들여서 먹던 한국인의 식생활이 경제, 사회의 변화로 육류와 밀가루를 중심으로 하는 서구식의 식생활로 바뀌고 있는 것으로 나타났다.

한국인의 쌀소비를 조사한 한국농촌경제연구원의 보고서에 의하면 1980년부터 2010년까지 30년간 연간 1인당 쌀 소비량이 132.9*kg*에서 38.6% 줄어든 81.5*kg*이라고 밝혔다. (생략)

한국 속담에 밥 먹듯 하다 〈보기〉 는 말이 있다 . 자주 한다는 뜻이다. 이 밖에도 밥과 관련된 속담은 아주 많다. 그만큼 한국 사람들의 식생활에서 밥이 중요하다는 것을 알 수 있다. 그런데 한국 사람들의 식생활에서 가장 중요한 쌀을 이제는 점점 다른 음식으로 대신하고 있다.

① _____ 한국인의 쌀 소비가 30% 감소하면서 밥상이 변하고

② _____ ③ _____ 지난 1980년부터 2010년까지 30년간

1인당 연간 쌀 수요량이 132.9kg에서 81.5kg까지 ④ _____

02. 다음은 보고서의 개요입니다. 어떤 자료가 적절한지 연결하십시오.

제목 : 국내 디저트 브랜드의 현황과 전망에 관한 연구

❶ 인기 있는 디저트 브랜드	❷ 디저트를 먹는 소비자의 생각	❸ 디저트의 인기	❹ 디저트 브랜드의 발전 가능성

①	②	③	④
박이정뉴스. 2015년 전국 20대 남녀 400명 대상. 설문조사 결과 	못먹는감: 혜화백화점 지하. 과일로 만든 디저트, 감으로 만든 아이스 홍시가 유명  마리앤: 혜화백화점 11층. 커피와 케이크 전문점, 유기농 재료로 만든 케이크가 유명 	백화점에서 수입한 디저트 브랜드가 현재 100여개 이상이다. 소비자들은 백화점에서 명품을 사기는 어렵지만 비싼 디저트를 사먹으면서 만족하는 경우가 많았다. 앞으로도 계속적으로 성장할 것이라고 본다.	박이정뉴스. (2015년 전국 20대 남녀 400명을 대상 설문조사) '아무리 배가 불러도 맛있는 디저트라면 먹을 것인가?'를 조사한 결과 남성은 81.2%, 여성은 92%가 먹겠다고 대답해서 디저트의 높은 인기를 알 수 있었다.

디저트를 먹는 이유

60.6% 기분 좋게 하기 위해서 / 11.2% 새로운 메뉴가 먹고 싶어서 / 5.2% 소화에 도움이 되어서 / 0.8% 기타

자료를 인용하십시오.

01. 다음은 김치를 주제로 하는 보고서의 자료입니다. 보고서에 알맞게 인용하십시오.

"김치는 밥을 먹을 때 같이 먹는 채소 밑반찬이다. (중략) 김치는 채소를 소금에 절여서 각종 젓갈과 양념을 섞어서 만든 발효식품이다. 김치의 종류는 재료에 따라 수도 없이 많이 만들 수 있어서 프랑스의 치즈 종류보다 훨씬 많다. 무로 만든 동치미, 깍두기류, 오이, 파, 부추, 고춧잎 같은 겉절이류에 이르기까지 거의 모든 야채가 김치 재료가 될 수 있다."

박한나. 2009. 통으로 읽는 한국문화. 박이정. 166쪽 편집

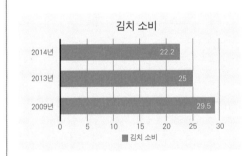

김치의 소비를 증가시키려면? 적은 수의 가족에게 적당한 소포장

김유진 기자. 박이정뉴스, 2015.12.27.

한국의 대표음식인 김치 소비가 줄어들고 있다. 밥을 위주로 하는 식생활에서 육류를 위주로 하는 서구식 식생활로 바뀌면서 매일 먹던 김치를 적게 먹고 있다. 보건복지부의 2015년 조사에 따르면 국민 1인당 연간 김치 소비량은 2009년 29.5Kg, 2013년 25kg, 2014년 22.2Kg으로 급격하게 감소하는 것으로 나타났다. 직장이나 학교 문제로 혼자 사는 1인 가구가 증가하면서 김치의 소비가 줄고 있는 것이다. 김치 소비를 늘리기 위해서 식품업계에서는 소포장, 프리미엄 김치 등의 제품을 잇달아 내놓고 있다.

[보고서] 소주제	뒷받침문장
모든 야채가 김치 재료가 될 수 있다.	① [　　　　　　] 김치는 밥을 먹을 때 같이 먹는 채소 밑반찬으로 김치의 종류는 재료에 따라 수도 없이 많이 만들 수 있어 ② [　　　　　　]
한국인의 대표음식인 김치를 먹는 한국인이 줄고 있다.	한국인의 대표음식인 김치를 먹는 한국인이 줄고 있다. ③ [　　　　　　]

02. 보고서의 자료를 찾아서 적절하게 인용하여 쓰십시오.

[참고자료]

저자(연도)	제목	출처	인용 쪽수

인터넷 주소	홈페이지	검색 날짜

03. 자신이 쓴 인용을 다시 읽고 평가하십시오.

	잘했다	보통	못했다
	5	3	1
1. 인용을 정확하게 했다.			
2. 주제에 적절한 자료이다.			
3. 인용의 출처를 정확하게 썼다.			
4. 참고자료를 맞는 순서로 정리했다.			
5. 주제에 대한 충분한 정보를 주는 자료이다.			
점수		_____ 점	

어휘와 표현

인용	quotation	引用
참고자료	reference, reference data	参考资料
표절	plagiarism	剽窃
통계	statistics	统计
출처	source	来源
디저트	dessert	甜点
프리미엄	premium	优质品牌/溢价
트렌드	trend	趋势
출시	release, launch	上市
승부	contend for victory	胜负
저염	low-saltdiet	低盐
포장	packing	包装
염분	salt, salinity	盐分
나트륨	sodium, natrium (Na)	钠

참고자료 사이트

참고자료는 책이나 인터넷에서 찾게 되는데, 믿을 수 있는 곳의 자료를 사용해야 한다. 인터넷의 출처를 알 수 없는 글은 검증되지 않거나 개인적인 생각일 수 있다. 보고서 쓰기에 활용할 수 있는 믿을 수 있는 사이트를 소개하면 다음과 같다.

❶ **국가통계포털** (http://kosis.kr/)

통계청에서 자료를 사용하기 쉽도록 만든 홈페이지이다. 경제와 사회 등 각 분야의 자료를 쉽게 찾을 수 있다.

❷ **RISS** (http://www.riss.kr/)

학술지, 학위논문, 해외저널, e-book 등의 자료 제공한다. 보고서 작성 시 가장 많이 이용하는 홈페이지이다. 유료이지만, 학교 도서관 홈페이지를 통해 접속하면 대부분 무료이다.

❸ **KOTRA와 KITA** (http://www.kotra.or.kr/, http://www.kita.net/)

한국의 무역 정보 자료와 전세계 무역에 대한 자료와 전시계 동향에 대한 자료를 찾을 수 있는, 대한무역투자진흥공사(Kotra)와 한국무역협회(Kita) 홈페이지이다.

❹ **한국갤럽과 리얼미터** (http://www.gallup.co.kr, http://www.realmeter.net)

설문조사 전문 인터넷 홈페이지이다. 한국 갤럽은 전문 설문조사 업체로 전반적인 분야를 다룬다. 리얼미터는 정치와 사회 분야 전문 자료를 찾을 수 있다.

❺ **DMC리포트** (http://www.dmcreport.co.kr)

광고 마케팅 관련 자료 조사 홈페이지이다. 국내외 디지털 미디어, 광고, 마케팅 관련 전문자료를 제공한다. 연구보고서, 동향, 통계자료, 인포그래픽을 제공한다.

❻ **한국관광공사** (http://www.visitkorea.or.kr/intro.html)

한국의 관광지 소개나 한국 문화와 관련된 내용을 소개하는 홈페이지이다.

❼ **빅카인즈** (https://www.bigkinds.or.kr/)

한국언론재단에서 제공하는 국내 주요 신문, 방송의 뉴스 검색, 분석, 트렌드 분석 정보를 제공하는 홈페이지이다.

12

보고서 서론 쓰기

 학습목표 ✿ 서론의 구성에 대해서 안다.
대학 보고서의 서론을 쓴다.

🔑 ◆ 주제: 일상생활과 미래
◆ 표현 : 본 보고서, 본고, 이 보고서, 필자, 최근 상황이다, -에 대해서 볼 수 있다.
-이가 부족하다, 문제가 있다, 이 보고서의 목적은 -도움/정보를 주고자 한다,
-을/를 살펴보고자 한다, 본고의 목적은 알아보는 데에 있다
◆ 쓰기 : 대학 보고서의 서론 쓰기

01. 다음 글을 읽고 질문에 답하십시오.

우리는 일상생활에서 다양한 화학제품을 사용하고 있다. 생활을 편리하게 하려고 개발된 물건인 만큼 생활의 필수품이 많다. 하지만 편리함 속에 있는 나쁜 영향을 아무도 생각하지 못한다. 화학제품은 환경을 오염시킬 수 있으며, 우리의 건강에도 좋지 않은 영향을 줄 수 있다. 여기에 쓰레기를 줄여서 환경도 오염시키지 않고 쓰레기도 줄일 수 있는 물건이 있다. 바로 귤껍질이다.

위에서 제시한
고서의 주제가
'환경'이다.

이번 보고서의 주제가 재활용인만큼 귤껍질을 이용한 재활용 방법을 알아볼 것이다. 이 보고서의 목적은 쓰레기로 흔히 버려지는 귤껍질을 활용하여 일상생활에서 다양하게 이용할 수 있는 방법과 이를 응용한 산업까지 살펴보고자 한다.

1) 글의 어느 부분인 것 같습니까?

2) 이 보고서의 주제는 무엇입니까?

3) 이 보고서를 쓰는 이유는 무엇입니까?

서론의 역할은 독자에
대한 첫인사이다.

1. 서론이 무엇입니까?

> ❶ 서론
>
> • 서론(introduction, 序論)이란 글이 '첫인사'하는 부분이다. 처음 보는 얼굴이 그 사람의 인상을 결정하는 것처럼 글의 인상을 결정하게 한다. 보고서의 시작으로, 무슨 내용인지를 소개한다. 좋은 서론은 독자의 입장에서 그 글을 읽을지 말지를 결정하게 한다.

[1~3] 다음 글을 읽고 질문에 답하십시오.

01. 다음 글을 읽고 주요 내용을 골라 쓰십시오.

<보기> 현재의 상황	조사의 목적	조사 결과	조사의 필요성

주요내용

2008년 이후 한국을 방문하는 외국인 관광객이 꾸준히 증가함에 따라 2012년 최초로 외국인 관광객 1000만 시대를 맞이하였다. 특히, 서울시는 전체 외국 관광객의 82.5%가 방문하여 한국의 대표적인 관광지로 자리매김하였다. 이에 서울을 방문하는 외국인 관광객의 현황을 파악하고 합리적인 정책수립을 위한 기초 통계 자료가 필요하게 되었다. 이 보고서의 목적은 급성장하고 있는 관광시장과 외국인 관광객의 관광실태를 파악하여 미래의 관광정책을 수립하는 기초 자료로 활용하는 데에 있다.

◄┄┄① _____
◄┄┄② _____
◄┄┄③ _____

02. 서론은 어떤 역할을 한다고 생각합니까?

① 글을 읽는 독자의 관심을 끈다.　② 중요한 주제를 자세히 설명한다.
③ 글을 쓰는 사람에 대한 소개를 한다.　④ 주제에 대한 자료나 증거를 준다.

03. 서론의 내용으로 가능한 것을 모두 고르시오.

① 보고서의 주제에 대한 요약　② 이 주제를 쓰는 이유
③ 주제를 연구하거나 조사하는 방법　④ 독자에게 흥미를 주는 내용
⑤ 가장 중요한 주제와 관련된 근거

2. 서론은 어떻게 써야합니까?

> **서론은 글의 얼굴**
>
> • 서론은 글에 대한 정보를 알려주면서 독자가 관심과 흥미를 가질 수 있도록 내용을 구성해야 한다.
> • 서론에서 포함하는 내용은 다음과 같다.
>   – 목적 : 이 주제를 쓰는 이유
>   – 현황 : 주제와 관련된 신문 기사나 내용, 알고 있는 내용
>   – 방법 : 연구, 조사 방법(자료, 설문조사, 기사문, 실험, 경험 등)
> • 서론이 중요하지만 너무 길면 보고서가 무겁게 보인다. 서론은 보고서가 3~4장 정도면 10~15% 정도로 쓴다. 짧은 보고서는 한두 단락 정도로 쓰는 것이 좋다.
> • 서론은 독자의 관심을 끌기 위해서 자신의 경험을 쓰거나, 최근 사람들의 관심사, 유명한 사람들의 말과 같은 친숙한 내용으로 시작한다.

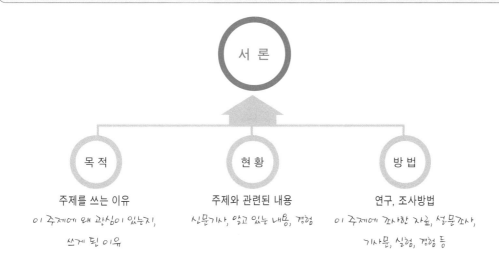

목적 — 주제를 쓰는 이유
이 주제에 왜 관심이 있는지, 쓰게 된 이유

현황 — 주제와 관련된 내용
신문기사, 알고 있는 내용, 경험

방법 — 연구, 조사방법
이 주제에 조사한 자료, 설문조사, 기사문, 실험, 경험 등

❶ 경험이나 일화

• 내 경험으로 흥미를 끈다. 꼭 자신의 경험이 아니라 다른 사람의 경험을 쓸 수도 있다.
• 너무 길지 않고 요점만 간단하게 쓴다.

> (예) 며칠 전이 내 생일이었다. 아침부터 휴대전화가 울려서 보니 페이스북에 내 생일을 축하하는 메시지가 여러 개 와 있었다. 평소에 연락을 잘 안하는 동기와 후배들에게 축하를 받으니 기분이 좋았다. 영국의 유명한 인류학자 Dunbar은 '한 사람이 소통다운 소통을 하며 관리할 수 있는 친구의 수는 100~230명이며, 약 150명 정도가 최적의 수'라고 하였다. 그러나 미국 인디아나 대학교에서 트위터 사용자를 분석한 결과 인터넷으로 관리하는 사람의 범위는 더 넓었다. 그렇다면 우리는 왜 온라인에서 보다 더 많은 사람을 만나는 것일까? 온라인과 오프라인 인간관계의 차이에 대해서 알아볼 필요가 있다고 생각했다. 이 보고서에서는 온라인과 오프라인의 인간관계의 차이에 대해서 알아보고자 한다.

❷ 정의하기

- 주제와 관련이 되는 용어를 쉽게 설명하면서 글을 시작한다.
- 정의는 전문가의 의견이나 사전의 내용으로 쓰기 때문에 보고서가 객관성과 신뢰성을 주는 데 도움이 된다.

> **(예)** 댓글이란 인터넷 이용자들이 인터넷 상의 원문에 대해 주고받는 글쓰기 문화를 통틀어 일컫는 말이다. '댓글'이란 '대답하다, 응수하다'를 뜻하는 영어 단어 '리플라이(reply)'를 한국어로 바꾼 것이다. 줄여서 '리플'로 부르기도 한다. 인터넷에 접속한 이용자들이 서로 정보를 주고받을 수 있는 인터넷 게시판이 등장한 것이다. 인터넷 게시판의 등장은 사회현실에 대해 비판할 공간이 없던 많은 사람들에게 자신의 의견이나 주장을 마음껏 펼 수 있는 공간을 제공해 주었다. 그렇지만 이로 인하여 우울증에 걸리거나 자살을 하는 사람까지 여러 가지 문제가 나타나고 있다. 이 보고서는 댓글문화의 긍정적인 측면과 부정적인 측면을 함께 살펴보고자 한다.

❸ 시사적인 내용

- 최근의 신문기사나 사회적으로 관심이 높은 내용으로 시작하면 독자가 흥미있게 읽을 수 있다.
- 내용을 신뢰할 수 있도록 자료나 신문기사를 함께 인용할 수 있다.
- 주제에 대해서 찬성이나 반대의 의견을 너무 강조하면 의견이 다른 독자의 흥미를 떨어뜨릴 수 있다.

> **(예)** 여러분은 일주일에 몇 번이나 밥을 먹는가? 한국인이 밥을 주식으로 한다는 말이 의문이 들 정도로 쌀의 소비는 줄고 있지만 커피의 소비는 늘고 있다고 한다. 얼마 전 보건복지부의 조사 자료에 따르면 한국인은 일주일에 12.3회 커피를 마시는 반면, 쌀밥은 7.0회만 먹는다고 한다. 그럼, 밥보다 자주 마시는 커피에 대해서 얼마나 알고 있는가? 이 보고서는 우리가 마시는 커피의 특징과 효과에 대해 알고자 한다.

❹ 명언, 속담

- 사람들이 잘 알고 있는 유명인이 한 명언, 속담 등은 독자가 관심을 가질 수 있다.
- 명언이나 속담은 잘 알려져 있기 때문에 친근하며, 주제와 관련된 내용을 쉽게 전달할 수 있다.

> **(예)** 옛날 말에, '하루라도 책을 읽지 않으면 입 속에 가시가 돋친다[一日不讀書 口中生莉棘]'라는 말이 있다. 하지만 현대는 하루라도 책을 안 읽으면 입에 가시가 돋치는 문제뿐만 아니라 경쟁이 심한 상황에서 다른 사람보다 하루만큼씩 떨어지게 될 것이다. 이 글에서는 특히 지식정보화 시대 대학생에게 더욱 더 필요해진 독서의 필요성과 방법에 대해 살펴보고자 한다.

서론에서 자주 쓰는 표현은 무엇이 있습니까?

❶ 본 보고서, 본고, 이 보고서, 필자

- 보고서는 '나, 저' 대신에 객관적으로 쓰기 위해서 다른 주어를 사용한다.

  예) 이 보고서에서는 대학 졸업 이후의 취업 방향에 대해서 조사한다. 필자는 자료를 수집하기 위하여 다양한 졸업생을 만나서 인터뷰를 하려고 한다.

01. 다음 〈보기〉와 같이 서론에 알맞은 표현으로 쓰십시오.

> 〈보기〉 나는 로봇과 미래에 대하여 쓰려고 한다.
>
> ⇨ 이 보고서는 로봇과 미래를 살펴보고자 한다.

① 나는 한국과 베트남의 문화 차이를 설명하려고 한다.

⇨ _____

② 내 보고서는 효과적인 한국어 어휘 교육 방법을 쓴다.

⇨ _____

❷ 최근 (현재까지) 상황이다, −이/가 부족하다, 문제가 있다

- 요즘의 상황을 설명한다.
- 현재의 상황과 문제점을 지적하여 이 보고서의 필요성을 제시한다.

  예) '통계청'은 2014년 노후를 준비하는 사람들을 조사하였다. 그 결과, 남자는 64.4%, 여자는 61% 정도가 준비를 하고 있는 것이 최근 상황이었다. 그러나 노후 준비를 전혀 하지 않는 사람들이 대략 40%로 이것은 큰 사회문제가 될 수 있다.

02. 다음 〈보기〉와 같이 서론에 알맞은 표현으로 쓰십시오.

> 문제점 : 요즘 결혼하는 남녀의 비율이 줄고 있다.
>
> 현　황 : 최근 서울통계(http://stat.seoul.go.kr/) 2014년의 조사 결과에 따르면 결혼을 반드시 해야 하고
>   하는 것이 좋다고 대답한 남자는 60.1% 여자는 50.1% 정도이다.

〈보기〉 ↳ 요즘 결혼하는 남녀의 비율이 줄고 있다. 최근 결혼에 대한 남녀의 인식을 조사한 서울
         통계(http://stat.seoul.go.kr/)에 따르면 2014년의 조사 결과 결혼을 반드시 해야 하고
         하는 것이 좋다고 대답한 남자는 60.1% 여자는 50.1% 정도로 결혼에 대해 필수적이
         아니라고 대답하는 상황이다.

> 1) 문제점 : 의료비가 많이 올랐다.
>
>   현　황 : 젊은 사람은 줄고 노인 인구가 많아지면서 병원을 이용하는 사람들이 늘고 있다.

　　① [　　　　　] 젊은 사람은 줄고 노인 인구가 많아지면서 병원을 이용하는 사람들이 늘고 있다.

　　② [　　　　　　　　　　　　　　]

> 2) 문제점 : 한국어를 잘 못하는 외국인이 서울에서 생활하면서 생기는 문제를 도와 줄 곳이 없다.
>
>   현　황 : 통계청의 조사에 따르면 2014년 한국에 사는 외국인의 수가 180만명이 넘는다.
>   외국인이 가장 많이 사는 곳이 서울이다.

　　① [　　　　　] 통계청의 조사에 따르면 2014년 한국에 사는 외국인의 수가 180만명이 넘는다.
　　　외국인이 가장 많이 사는 곳이 서울이다. 한국어를 잘 못하는 외국인이 서울에서 생활하
　　　면서 ② [　　　　　　　　　　　　　　　　　]

❸ 이 보고서는 -을/를 살펴보고자/알고자 한다, 본고의 목적은 살펴보는/알아보는 데에
　있다, 이 보고서의 목적은 -도움/정보를 주고자 한다.

　•보고서를 쓰는 이유를 먼저 알려준다.

　　예 1. 이 보고서는 소비자의 심리를 이용한 마케팅의 효과를 살펴보고자 한다.
　　　　2. 본고의 목적은 소비자의 심리를 이용한 마케팅의 효과를 살펴보는 데에 있다.

❹ 서론의 동사는 현재나 미래형을 많이 사용한다.

　•보고서의 내용이 서론 다음에 진행되기 때문에 현재, 미래형 시제를 많이 사용한다.

예 이 보고서에서는 졸업생의 취업 후 진로에 대해서 알아보고자 한다.
　　본고에서는 통계청의 자료를 사용할 것이다.

03. 다음 〈보기〉와 같이 서론에 알맞은 표현으로 쓰십시오.

〈보기〉　이 글에서는 한국과 중국의 문화를 비교하여 차이를 알려고 한다.

　　⇨ 본고는 한국과 중국의 문화를 비교하여 어떤 차이가 나타나는지를 제시하고자 한다.

　　⇨ 이 보고서는 한국과 중국의 문화를 비교하여 어떤 차이가 나타나는지 알고자 한다.

① 이 글에서 외국인이 좋아하는 관광지에 대해서 살펴보고 싶다.

　　⇨ ＿＿＿＿＿＿＿＿＿＿＿＿＿＿＿＿＿＿＿＿＿＿＿＿＿＿＿＿

　　＿＿＿＿＿＿＿＿＿＿＿＿＿＿＿＿＿＿＿＿＿＿＿＿＿＿＿＿＿＿

② 여기에서 내 고향의 문화와 관광자원을 소개하려고 한다.

　　⇨ ＿＿＿＿＿＿＿＿＿＿＿＿＿＿＿＿＿＿＿＿＿＿＿＿＿＿＿＿

　　＿＿＿＿＿＿＿＿＿＿＿＿＿＿＿＿＿＿＿＿＿＿＿＿＿＿＿＿＿＿

04. 다음 〈보기〉와 같이 서론에 알맞은 표현으로 쓰십시오.

1) 한국을 방문하는 외국인 관광객의 수는 꾸준히 늘고 있으나 적당한 놀거리, 먹을거리에 대한 고민이 부족하다. 나는 관광객의 국적을 반영한 관광코스를 살펴보았다.	한국을 방문하는 외국인 관광객의 수는 꾸준히 늘고 있으나 적당한 놀거리, 먹을거리에 대한 고민이 부족한 것이 〈보기〉 최근 현재까지 상황이다 관광객의 국적을 반영한① ＿＿＿＿＿. ② ＿＿＿＿＿＿＿＿＿＿＿＿ 관광객의 국적을 반영한 관광 코스를③ ＿＿＿＿.
2) 한국인과 결혼하는 외국인이 증가하면서 다문화 가정의 자녀가 많아졌다. 전체 학생 수의 1.1%로 5만명 이상이지만 학교 생활에 적응하지 못해서 중도에 자퇴하는 학생들도 늘고 있다. 이 보고서에서 다문화 가정 학생들이 학업을 포기하는 이유를 살펴본다.	한국인과 결혼하는 외국인이 증가하면서 다문화 가정의 자녀가 ① ＿＿＿＿＿. ＿＿＿＿＿＿＿＿＿ 전체 학생 수의 1.1%로 5만명 이상이지만 학교 생활에 적응하지 못해서 중도에 자퇴하는 학생들도 늘고 있다. ② ＿＿＿＿ 다문화 가정 학생들이 학업을 포기하는 이유를 ③ ＿＿＿＿.

서론 쓰기를 연습합니다.

01. 다음 주제는 어떤 서론이 알맞습니까? 연결하십시오.

1) 로봇의 발전 •   • ① 한국 드라마의 인기 이유

2) 한국의 예절 •   • ② 우리집에서 사용하는 로봇청소기

3) 아침밥의 중요성 •   • ③ 선배에게 손을 흔들어서 인사하고 야단을 맞은 경험

4) 해외에 수출되는 한국 상품 •   • ④ 건강이 안 좋은 40대 직장인의 생활

02. 명언이나 속담을 이용하여 알맞은 서론을 쓰십시오.

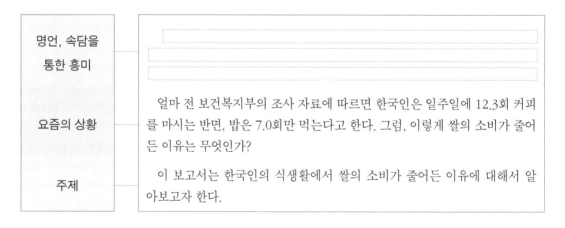

명언, 속담을 통한 흥미	
요즘의 상황	얼마 전 보건복지부의 조사 자료에 따르면 한국인은 일주일에 12.3회 커피를 마시는 반면, 밥은 7.0회만 먹는다고 한다. 그럼, 이렇게 쌀의 소비가 줄어든 이유는 무엇인가?
주제	이 보고서는 한국인의 식생활에서 쌀의 소비가 줄어든 이유에 대해서 알아보고자 한다.

03. 시사적인 내용을 이용하여 알맞은 서론을 쓰십시오.

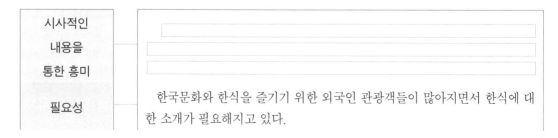

시사적인 내용을 통한 흥미	
필요성	한국문화와 한식을 즐기기 위한 외국인 관광객들이 많아지면서 한식에 대한 소개가 필요해지고 있다.

주제	이 보고서는 외국인 관광객에게 한국의 음식에 대한 자세한 정보를 소개하여 한국 관광을 즐길 수 있도록 하고자 한다.

04. 다음 내용으로 서론을 쓰십시오.

흥 미	스펙은 영어 'specification'의 줄임말로 광고나 카탈로그 등 홍보지에서 제품의 내용을 자세히 설명하는 설명서라고 할 수 있다.
필요성	요즘 대학생의 생활은 취업을 준비하는 수험생의 생활과 같다.
주 제	취업을 위한 준비만 하지 말고 다양한 경험을 할 수 있는 대학생활을 하자.

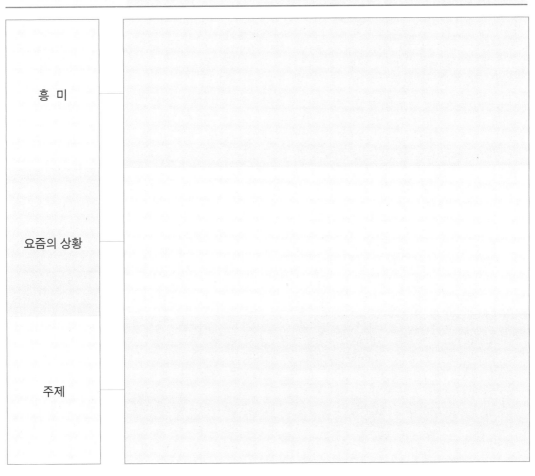

흥 미	
요즘의 상황	
주제	

대학 보고서의 서론을 쓰십시오.

01. 보고서의 내용을 아래의 표에 정리하고 서론을 쓰십시오.

흥 미	
필요성	
주제	

_____

_____

_____

_____

_____

_____

_____

_____

_____

_____

02. 자신이 쓴 서론을 읽고 평가하십시오.

	잘했다	보통	못했다
	5	3	1
1. 주제에 적당한 서론이다.			
2. 현재의 상황을 알 수 있다.			
3. 독자에게 흥미를 줄 수 있다.			
4. 보고서의 목적을 잘 알 수 있다.			
5. 서론에 자주 쓰는 표현을 적절하게 썼다.			
점수			점

일화	anecdote, story	逸事
시사적	current events, current affairs	时事性
명언	famous saying, mot	名言
속담	adage saying, proverb	俗语
흥미	interest	兴趣
필요성	necessity, need	必要性
화학제품	chemical products	化学产品
재활용	recycling	再利用
필수품	necessaries	必需品
활용	application, practical use	活用
마케팅	marketing	营销

논증보고서

'논증'이란 내가 맞다고 생각하는 주제에 대해서 믿도록 하는 것이다. 논증보고서는 자신의 주제에 대해서 적절하고 맞는 근거를 들어서 독자를 설득한다.

대학 보고서는 전공에 익숙하지 않을 때는 설명하는 '설명보고서'를 많이 쓰지만 전공에 대한 지식이 쌓이면 자신의 생각과 의견을 주장하는 '논증보고서'를 많이 쓰게 된다. 논증보고서는 다음과 같은 세 가지 유형이 있다.

	특징	예
비판형 논쟁형	찬성과 반대의 의견이 있는 주제에 대해 자신의 입장을 쓴다.	사형에 대한 찬성 동물실험에 대한 반대
문제 해결형	문제를 기술하고 원인을 분석하여 해결 방안을 논리적으로 쓴다.	환경오염의 문제와 해결 방법
비교형 대조형	둘 이상의 대상의 비교, 대조하여 공통점과 차이점을 분석하여 자신의 관점을 쓴다.	한국과 중국의 경제 발전 방법

논증보고서는 자신의 주제를 논리적으로 주장하기 위해서 다음과 같은 순서로 쓴다.
① 어떤 문제(주제)가 있는지 정하고 그 문제로 인한 예를 든다.
② 그 주제를 선택한 이유나 문제가 생긴 원인을 파악한다.
③ 주제에 대한 자신의 입장을 쓰거나 문제에 대한 해결 방법을 쓴다.

| 문제의 발견
문제 사례 | 문제의
원인 파악 | 해결 방법 |

예

환경 오염 환경오염 사례	⇨	환경 오염의 원인	⇨	환경 오염의 해결 방법
사형에 대한 문제(찬성/반대) 사형에 대한 사례		사형 제도가 생긴 원인 사형제도로 인한 문제		사형제도를 대체할 방법

NOTE

13

보고서 본론 쓰기

01. 다음 글을 읽고 질문에 답하십시오.

> 1) 수질오염
>
>   일상생활에서 사용하고 버리는 설거지물과 같은 생활폐수, 자동차를 세차한 후에 버리는 세차
> 폐수, 공장폐수 등이 그대로 강으로 들어가서 물이 오염된다. 그러다 보니 요즘 신문에서 강물의
> 물고기 수백 마리가 한꺼번에 죽은 기사를 흔히 볼 수 있다.
>
> 2) 대기오염
>
>   자동차를 운전할 때 나오는 매연 또는 공장 근처에서 나온 가스가 공기를 오염시킨다. 이 가스가
> 빗물에 흡수되어 내리면 산성비(acid Rain)가 되어서 농작물에게 피해를 준다.

 1) 글의 어느 부분인 것 같습니까?

 2) 이 보고서의 주제는 무엇입니까?

 3) 이 글 다음에 올 내용으로 적당한 것은 무엇입니까?

02. 본론의 내용으로 알맞지 않은 것을 모두 고르십시오.

① 보고서를 쓰는 이유	② 주제에 대해서 찬성하는 근거
③ 보고서의 주제에 대한 정리	④ 주제와 관련된 전문가의 의견
⑤ 주제와 관련해서 조사한 결과	⑥ 주제를 연구하거나 조사하는 방법

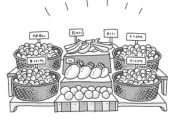

본론의 내용은
잘 정리되어야 한다.

1. 본론이 무엇입니까?

❶ 본론

- 본론(body, 本論)은 글의 가운데 부분이면서 중요한 내용이 포함된 부분이다.
- 본론은 서론에서 제시한 주제에 대한 내용, 문제에 대한 대답, 주장에 대한 근거를 쓰면서 결론으로 가는 역할을 한다.
- 본론을 쓰는 방법
  - 사실을 제시하고, 그것에 대한 예나 자료를 제시한다.
  - 내가 주장한 내용을 뒷받침하는 근거를 제시한다.
  - 자신의 주장을 뒷받침 해 줄 사실이나 자료를 제시한다.
  - 자신과 다른 견해나 주장을 쓰고, 자신과의 차이를 설명한다.

01. 다음 보고서를 읽고 〈보기〉와 같이 내용을 정리하십시오.

요즘 전 세계적으로 국제결혼이 점점 증가하고 있는 추세다. 카자흐스탄만 해도 2005년에 비하면 2014년에 국제결혼율이 10% 증가했으니까 여러 나라들 중에서 많이 증가한 편이다. 국제결혼율에 이런 변화가 생긴 이유는 무엇일까?

아무래도 사고방식의 변화 때문인 듯싶다. 옛날 부모님 세대는 보수적으로 생각했지만 지금 우리 세대는 점점 사고방식이 개방적으로 바뀌었다. 그러다 보니 국제결혼에 대해서도 긍정적으로 생각하게 되었다고 본다. 그런데 부모님 세대라고 해서 모두 보수적으로만 생각하는 것은 아니다. 어떤 부모님들은 국제결혼에 대해 절대 반대하며 보수적으로 생각하는가 하면 어떤 분들은 개방적으로 생각하기도 한다. 그리고 요즘 이런 부모님들이 늘어나다 보니 국제결혼율도 높아지는 것 같다. 필자는 국제결혼에 대해 긍정적으로 생각한다.

하지만 국제결혼에는 몇 가지 단점이 있다. 같은 문화에서 자란 사람보다 다른 점이 더 많다 보니 아무래도 여러 문제에 더 많이 부딪칠 수밖에 없는 법이다. 국제결혼을 했을 때 서로 쓰는 언어가 다르다 보니 대화가 잘 안되면 힘들다. 그래서 이런 문제들로 이혼 하는 사람들도 있다. 그러나 국제결혼에 이렇게 실패한 사람들도 있는가 하면 성공한 사람들도 있다.

그런데 다른 나라의 문화며 풍습이며 여러 가지를 배울 수 있기도 하니까 일석이조가 아닐까? 그렇지만 국제결혼으로 태어난 아이는 자신의 정체성에 혼란이 생길 수 있는 법이다. 하지만 무엇보다도 아이들이 이중언어를 할 수 있다는 점은 긍정적으로 본다. 게다가 서로 다른 국민성을 가진 사람들이 만나기 때문에 아이들이 더 훌륭한 국민성을 가질 수 있다고 생각한다. 마지막으로 국제결혼의 장점은 서로 다른 나라의 가족과 살다 보니 다른 성격이나 문화도 배울 수 있다는 점이다.

물론 국제결혼은 단점이며 장점이며 여러 가지가 공존하는 법이다. 그러나 필자는 단점에 비해 장점이 많다고 본다. 그리고 필자의 생각으로는 행복한 국제결혼은 무엇보다도 얼마나 서로가 사랑하느냐에 달려 있다고 본다.

따라서 서로를 사랑하는 마음, 이것 하나만 있다면 국제결혼을 하면 살기 힘드니 이혼율이 높으니 어쩌니 해도 행복하게 살 수 있다고 본다. 그렇기 때문에 국제결혼에 찬성한다.

〈외국인 유학생의 글〉

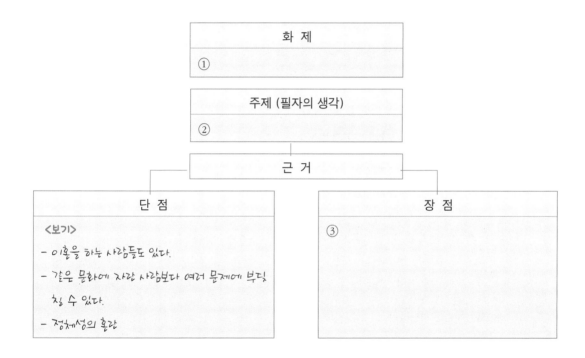

02. 앞의 보고서에 추가할 내용과 알맞은 조사 방법을 연결하십시오.

1) 국제 결혼의 비율 증가 • • ① 신문 기사

2) 국제 결혼에 대한 경험 • • ② 전문가의 의견

3) 국제 결혼의 장단점에 대한 의견 • • ③ 자신의 경험이나 주위의 예

2. 본론은 어떻게 써야 합니까?

❶ 근거

- 근거(basis, 根據)란 주제나 주장을 믿게 만들 수 있는 구체적인 자료, 증거이다. 본론은 주제에 충분한 근거가 있어야 한다.
- 근거를 쓰는 방법
  - 직접 실험한다.
  - 직접 설문 조사한 결과를 쓴다.
  - 신문, 잡지의 기사, 자료를 인용한다.
  - 객관적으로 조사해서 알 수 있는 사실을 쓴다.
  - 사람들이 믿을 수 있는 전문가의 의견을 쓴다.
  - 자신이 직접 경험을 했거나 주위에서 본 사례를 쓴다.

❷ 근거를 제시하는 방법

- 귀납법은 가능한 많은 사실을 보고, 이를 바탕으로 주제를 제시한다. 통계나 경험을 많이 제시한 후에 결론을 내린다. 오랫동안 살펴 본 후에 얻은 결론이지만 잘못된 근거를 모으면 결론이 틀릴 수도 있다.

  > 호주에서 검은색 백조가 발견되었다.

  > ㉖ 한국의 백조는 흰색이다. 중국의 백조는 흰색이다. 미국의 백조는 흰색이다.
  > → 그러므로 모든 백조는 흰색이다. (×)

- 연역법은 한 조각을 맞춘 다음에야 그 다음 조각을 맞출 수 있는 퍼즐(puzzle)처럼 논리적으로 주제를 발견한다. 모든 사람이 알고 있는 '증명 되어진' 주제에서 출발해서 새로운 주제를 찾는다. 반드시 증명된 내용에서 시작해야 마지막 결론이 맞는다.

  > ㉖ 모든 사람은 죽는다.　　　　　(대전제)
  > 　그리고 세종대왕은 사람이다.　　(소전제)
  > 　따라서 세종대왕은 죽는다.　　　(결　론)

- 변증법이란 어떤 주장을 내세운 다음 반대되는 생각을 내세우고, 둘을 모두 고려하는 결론을 제시하는 방법이다.

  > ㉖ 환경 보호는 비용이 많이 든다는 부정적인 점이 있다.
  > 그렇지만 환경 보호는 미래를 생각한다는 긍정적인 점이 있다.
  > 그러므로 비용을 절약하면서 미래를 생각하는 환경보호 방법을 개발해야 한다.

1. 본론에서 자주 쓰는 표현은 무엇이 있습니까?

❶ (그) 이유는 −기 때문이다, 원인은 : 원인

- 어떤 일이 나타나게 된 이유와 원인을 나타낸다.

  ㉠ 겨울이 짧고 따뜻해지는 이유는 환경이 오염이 되었기 때문이다. 환경이 오염된 원인은 쓰레기를 많이 버리고 물을 낭비했기 때문이다.

❷ 그러므로, 따라서, 그로 인해, 그러다 보니, 그렇기 때문에 : 결과

- 원인 때문에 생긴 결과를 나타낸다.

  ㉠ 자동차가 너무 많아서 공기가 오염되었기 때문에 공기를 깨끗하게 만들어야 한다. 따라서 자동차로 인한 공기 오염을 줄여야할 필요가 있다. 그로 인해 전기를 사용하는 전기자동차가 개발되었다. 하지만 전기는 충전에 오랜 시간이 걸리는 불편이 있다. 그러다 보니 전기자동차가 개발되었지만 많이 타고 다니지 않는다. 그렇기 때문에 이 자동차의 수가 많지 않아서 가격이 비싸다.

01. 도식을 보고 〈보기〉와 같이 주장과 이유를 쓰십시오.

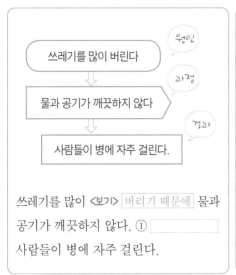

쓰레기를 많이 〈보기〉 버리기 때문에 물과 공기가 깨끗하지 않다. ① ▢▢▢▢▢ 사람들이 병에 자주 걸린다.

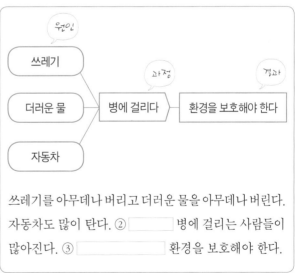

쓰레기를 아무데나 버리고 더러운 물을 아무데나 버린다. 자동차도 많이 탄다. ② ▢▢▢▢▢ 병에 걸리는 사람들이 많아진다. ③ ▢▢▢▢▢ 환경을 보호해야 한다.

02. <보기>와 같이 주장과 이유를 정리하십시오.

주 장	이 유
대기오염의 즉각적인 영향을 받는다.	사람은 5분만 숨을 쉬지 않으면 죽는다.
토양오염은 오랜 시간 후에 나타난다.	땅이 오염되면, 식물과 그 식물을 먹은 동물까지 오염된다.
수질오염은 위험하다.	사람은 물을 마시지 않고 살 수 없다.
이를 막기 위해서는 쓰레기 줄이기가 가장 효과적이다.	쓰레기 처리과정에서 토양오염과 대기오염이 발생한다.

환경오염은 우리에게 심각한 영향을 준다. 첫째, <보기> 사람은 5분만 숨을 쉬지 않으면 죽 기 때문에 대기오염의 즉각적인 영향을 받는다. 둘째, 땅이 오염되면 식물이, 그 식물을 먹은 동물까지 오염된다. 따라서 ① _____. 셋째, 수질 오염은 위험하다. 그 이유는 ② _____ 기 때문이다.
그런데 쓰레기 처리 과정에서 대기오염, 토양오염, 수질오염이 발생된다. 그러므로 ③ _____.

❸ 등, 또는, 또한, -이나(거나) : 나열

• 여러 가지 내용을 나타낸다.
• '첫째, 둘째'로 순서대로 내용을 제시하는 방법과, 내용을 나열하는 방법이 있다.

　㉲ 환경오염이란 교통 기관이나 공장에서 배출하는 가스나 폐수 또는 농약 등으로 동식물이나 인간의 생활환경이 깨끗하지 않게 되는 것이다.

❹ 제목과 숫자 사용하기

• 한 단락 이상을 한 주제로 쓰면 단락의 주제에 제목과 번호를 써 준다. 제목과 번호가 있으면 읽는 사람이 이해하기 쉽다.
• 제목은 일반적으로 문장이 아니라 단어나 명사로 끝나야 한다.

　㉲ 1. 재활용품의 가격에 대한 고려
　　지금까지 재활용 재료를 이용한 제품의 단점은 가격이 비싸다는 것이었다. 사람들은 환경을 중요하게 생각하지만 시장에서 구매하기 위해서는 무엇보다도 가격에 대해서 생각해야 한다고 본다.

03. 다음은 보고서 본론의 일부분입니다. 잘 읽고 〈보기〉와 같이 내용을 정리하십시오.

> 환경이 많이 오염이 되어 있고 이것은 인간에게도 많은 영향을 준다. 예를 들어서 바다에서 기형 물고기가 잡히고, 기형아가 태어나고 날씨가 바뀌어서 사람들이 살 수 있는 곳이 점점 없어지고 있다. 이것의 이유는 모두 환경이 오염되었기 때문이다. 우리와 자손이 살기 위해서는 지구의 환경을 보호해야 한다.
>
> 환경을 보호하기 위해 환경보호 단체나 큰 기업이 아니어도 우리가 할 수 있는 방법은 쓰레기 줄이기, 친환경 제품 사용하기, 물건을 재활용하기 등 많은 방법이 있다. 특히 우리가 일상생활에서 쉽게 할 수 있는 방법으로 음식물 쓰레기 줄이기가 있다. 음식물 쓰레기를 줄이는 방법은 다음과 같다.
>
> **1) 음식물 쓰레기 줄이기**
>
> 한국은 음식 쓰레기가 많이 버려진다고 한다. 김유진(2015.09.23.)에 의하면 국민 1인당 하루 평균 음식물 쓰레기 양은 0.28kg으로 이것은 프랑스 0.16kg, 스웨덴 0.086kg 등 선진국에 비해 훨씬 많은 수준이라고 한다.[1] 한식은 반찬을 많이 먹고 국물 요리가 많기 때문이다.
>
> 음식을 만들어 먹지 않고 식당에서 사 먹는 우리 같은 대학생이 음식물 쓰레기를 쉽게 줄이는 방법이 있다. 학생식당에서는 큰 통으로 먹고 남은 음식을 버리는 것을 매일 본 적이 있을 것이다. 음식 쓰레기를 처리하기 위한 비용으로 매년 8,000억원을 쓰고 있다는데 음식을 먹을 때 내가 잘 먹지 않는 것은 빼고 달라고 하고, 남기지 않고 모두 먹고, 학생 식당에서도 먹을 만큼만 음식을 가져다가 먹는 등의 방법을 실천한다면 크게 노력하지 않고 쓰레기를 줄일 수 있고 쓰레기 처리 비용도 아낄 수 있을 것이다.
>
> 1) 김유진, 환경보호협회, 박이정일보, 2015.09.23, 12면

대주제	〈보기〉 환경보호
소주제	①
방 법	②
자 료	③

본론 쓰기를 연습합니다.

01. 다음은 수질오염에 대한 보고서의 본론 부분입니다. 빈칸에 알맞은 말을 쓰십시오.

현재 가장 심각하게 제시되는 환경 문제는 수질오염이 있다. 토양오염이나 대기오염은 오염으로 인한 결과가 나타나기까지 시간이 오래 걸리지만 물은 오염을 즉시 알 수 있기 때문이다. 즉, 동물이나 사람은 물을 마시지 않고는 살 수 ① [   ] 빠른 시간에 오염을 알 수 있다.

수질 오염의 사례로 ② [   ]에 의하면 ③ [   ] 또 오염된 물 때문에 기형 물고기나 개구리가 나타나기도 한다. 물에서 사는 동물이 멸종되기도 한다. ④ [   ] 수질이 오염된 원인은 ⑤ [   ] 우리가 수질 오염을 하지 않기 위한 방법은 다음과 같다.

1) 화장실과 욕실의 물 사용 줄이기

가정에서 하루에 한 사람이 사용하고 버리는 물이 176 l 로, 이 중에서 욕실에서 사용된 양이 절반이 넘는다고 한다. ⑥ [   ] 그러면 수질 오염을 조금이라도 줄일 수 있을 것이다.

02. 환경오염에 대한 보고서를 준비하고 있습니다. 다음 질문에 대답하여 본론 부분을 쓰십시오.

1) 가장 심각한 환경오염 문제로는 무엇이 있습니까?

□ 토양 오염   □ 대기 오염   □ 수질 오염   □ 기타 : _____

2) 이것이 가장 심각하다고 생각한 이유는 무엇입니까?

3) 이 환경오염의 사례는 무엇이 있습니까?

4) 이 환경오염의 원인은 무엇입니까?

5) 환경오염을 하지 않도록 하는 방법에는 어떤 것이 있습니까? 한 가지 예를 신문이나 책의
   자료를 조사하여 쓰십시오.

03. **02**의 대답으로 환경오염에 대한 보고서의 본론 부분을 쓰십시오.

대학 보고서의 본론을 쓰십시오.

01. 보고서 본론 부분을 정리하여 쓰십시오. (보고서 분량이 많은 경우 주제가 잘 나타나는 단락을 쓰십시오)

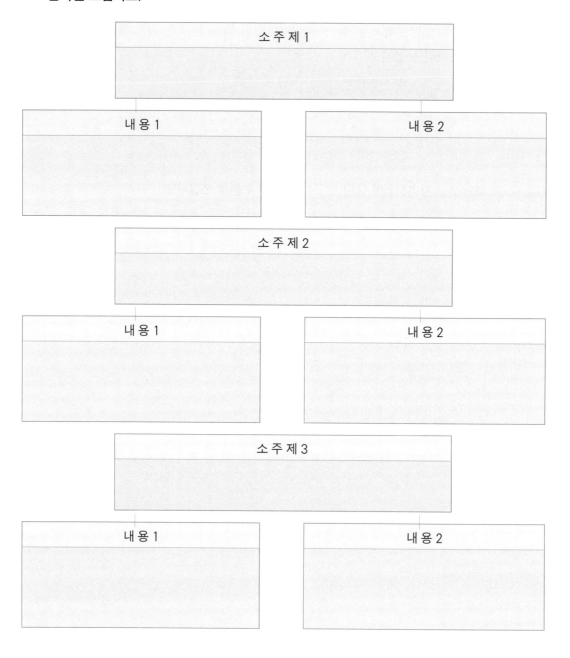

02. 자신의 보고서에서 본론을 세 단락 이상 쓰십시오.

03. 자신이 쓴 본론을 읽고 평가하십시오.

	잘했다	보통	못했다
	5	3	1
1. 주제에 적절한 근거를 사용했다.			
2. 본론에 적절한 내용이 충분히 있다.			
3. 본론에 자주 쓰는 표현을 적절하게 썼다.			
4. 내용에서 삭제하거나 보충할 내용이 있다.			
5. 주제를 잘 알 수 있고 적절한 뒷받침 문장이 있다.			
점수			점

어휘와 표현

근거	grounds, basis	根据
의견	opinion, view	意见
추가	addition	追加
증가	increase, growth	增加
실천	practice, action	实践
처리비용	expensesforhandling	处理费用
개별적	individually	个别
구체적	detailed, definite	具体(的)
객관적	objective	客观(的)
기형	malformation, deformity	畸形
멸종	extinction	灭绝
대기오염	airpollution	空气污染
토양오염	soilpollution	土壤污染
수질오염	water pollution	水质污染
폐수	waste water	废水
농약	agricultural pesticides	农药

객관적이고 논리적으로 보고서 쓰기

보고서는 객관적이고 논리적으로 써야 한다. 어떻게 쓰는 것이 객관적이고 논리적으로 쓰는 것일까?

자료 사용

① 도표, 사진, 그림 등 적절한 자료가 있어야 한다.

② 보고서는 믿을 수 있는 곳에서 자료를 인용해야 하고 인용하는 방법에 맞게 써야 한다.

③ 보고서는 나의 의견만으로 쓸 수도 없고, 남의 의견만으로 써도 안 된다. 내 의견, 주장과 남의 의견, 주장을 구별하여 적절하게 쓴다.

④ 내가 생각한 주제에 맞게 적절한 자료를 모아서 논리적 객관적으로 쓰는 것만으로도 좋은 보고서가 될 수 있다.

주 제

① 글이 하나의 큰 주제를 제시해야 한다. 소주제는 내용이 연관이 되어서 하나의 큰 주제를 구성해야 한다.

② 보고서의 주제와 목적을 항상 생각한다. 내가 쓰는 주제와 관련이 되는 내용을 명확하게 쓴다.

읽는 사람을 위해서

① 읽는 사람의 입장에서 이해하기 쉽게 작성한다.

② 쉽게 이해할 수 있도록 순서를 정해 체계적으로 쓴다. 두 단락 이상의 소주제는 적당한 제목을 써주는 것이 좋다.

③ 뜻이 명확히 전달되도록 문장을 간결하게 쓴다. 맞춤법과 띄어쓰기를 반드시 확인한다.

④ 보고서의 표지, 목차, 참고자료와 같은 형식에 맞춰서 쓴다.

NOTE

14

보고서 결론 쓰기

01. 다음 글을 읽고 질문에 답하십시오.

> 지금까지 20대의 언어생활과 그 언어의 특징을 조사해 보았다. 20대의 언어 생활은 오프라인만큼이나 온라인에서도 많이 이루어지고 있었다. 휴대전화의 사용으로 여러 사람과 동시에 대화를 하거나 모르는 사람들과도 쉽게 대화를 할 수 있게 되었다. 하지만 이러한 변화는 우리의 언어 생활에 많은 영향을 주었다. 빠르게 의사소통을 하기 위해서 줄임말을 많이 사용하고, 같이 활동하는 동아리나 커뮤니티 안에서만 사용하는 은어 사용도 늘고 있다. 이런 언어 사용은 오프라인의 대화에도 확대되었고, 이로 인해 세대 간의 의사소통이 어려워지고 있다.
>
> 20대는 또래 친구뿐만 아니라 선배와 후배, 직장 동료 등 인간 관계가 활발하게 넓어지는 시기이다. 그러므로 상대방과 대화를 나눌 수 있도록 은어나 비속어의 사용을 자제해야 할 것이다.

1) 보고서의 '서론-본론-결론' 중 어느 부분인 것 같습니까?

2) 이 보고서의 주제를 고르십시오.

① 20대는 은어, 비속어를 되도록 사용하지 말아야 한다.
② 20대는 모르는 사람과 은어로 쉽게 대화하지 말아야 한다.
③ 20대는 다양한 사람과 활발하게 인간관계를 해야 한다.
④ 20대는 오프라인만큼 온라인에서 활발한 대화를 해야한다.

용두사미 (龍頭蛇尾)

3) 보고서에서 이 글의 역할이 아닌 것을 하나만 고르십시오.

① 전체 내용에 대한 정리와 요약
② 새로운 해결 방법에 대한 근거를 제시
③ 문제에 대한 해결 방법과 대안을 제시
④ 이 보고서의 성과에 대한 내용과 앞으로의 연구 계획

화룡점정 (畵龍點睛)

결론의 역할

1. 서론과 결론은 무슨 차이가 있습니까?

❶ 결론

- 결론(conclusion, 結論)은 서론에서 출발한 주제가 본론에서 진행되고 마지막에 도착하는 곳이다. 보고서의 끝 부분이다. 결론은 보고서의 주요 내용을 정리한다.
- 결론만 읽어도 주제를 알 수 있도록 해준다.
- 결론을 쓰는 방법
 -앞의 내용을 요약하고 정리한다.
 -문제에 대한 해결 방법을 제시한다.
 -앞으로의 전망을 제시한다.
 -앞의 내용을 요약하고 중요한 내용을 다시 한번 강조한다.

❷ 서론과 결론의 내용 비교

서론의 예	결론의 예
20대의 언어생활과 언어의 특징에 대하여 알아본다. (주제)	지금까지 20대의 언어생활과 언어의 특징 대하여 알아보았다. (주제)
20대 언어의 특징 때문에 세대 간의 의사소통이 어려워지고 있는가? 하는 의문이 생겼다. (이유)	20대 언어의 특징 때문에 세대 간의 의사소통이 어려워지고 있다는 것을 알 수 있었다. (결과)
설문조사를 통해 20대 언어생활의 특징을 살펴볼 것이다. (방법)	설문조사 결과 20대의 언어생활의 특징으로 무분별한 신어의 사용, 알 수 없는 은어의 사용, 줄임말 등이 나타났다. (결과요약)
	앞으로의 과제는 어떻게 대학교육에서 20대 언어생활의 개선 방안을 할 것인지 방법을 제시하는 것이다. (전망)

2. 결론은 어떻게 써야 합니까?

❶ 시제

- 결론은 서론에서 시작한 내용을 끝내고, 정리하는 부분이다. 독자가 앞에서 내용을 다 읽었기 때문에 과거형으로 쓴다.

예	서론		결론
	어휘 중심 문화 교육 방법을 제시하는 데에 목적을 둔다.	⇨	학생들에게 어휘 중심 문화 교육 방법을 제시하는 데에 목적을 두었다.
	비속어와 은어를 사용하지 않도록 적절한 방법을 제시하고자 한다.	⇨	비속어와 은어를 사용하지 않도록 적절한 방법을 제시하였다.

❷ 같은 의미 다른 표현

- 결론은 앞의 내용을 요약하지만, 같은 용어나 표현을 사용하지 않고 비슷한 표현으로 바꿔 쓴다.

예	서론		결론
	20대의 언어생활을 조사하기 위하여 남녀 대학생 40명과 인터뷰를 하였다.	⇨	20대의 언어생활을 알아보기 위하여 남녀 대학생 각 20명을 만나서 조사를 하였다.
	본 보고서는 의사전달시 비언어의사소통의 효용에 대해서 알아보고, 이를 바탕으로 상황에 맞는 적절한 비언어 표현을 살펴보는데 그 목적이 있다.	⇨	본 보고서에서는 본론2에서 의사전달시 비언어의사소통의 효용에 대해서 알아보았고, 본론3에서는 상황에 맞는 적절한 비언어 표현을 시선, 표정, 행동, 거리의 네 가지로 나누어 제시했다.

❸ 질문과 대답

- 서론에서 독자에게 질문을 하면서 시작했으면 결론에서는 질문에 대한 대답을 한다.

예	서론		결론
	여러분은 방송언어가 청소년의 언어 생활에 어떤 영향을 준다고 생각하는가?	⇨	방송언어가 청소년의 언어생활에 비속어나 표준어가 아닌 말을 사용하도록 나쁜 영향을 주고 있었다.
	남성과 여성이 표현하는 언어가 같다고 생각하는가?	⇨	표현하는 언어의 형식이 남성과 여성에 따라 다르게 나타났다.

01. 다음은 보고서의 서론과 결론입니다. 〈보기〉에서 알맞은 내용을 골라서 쓰십시오.

	〈보기〉 요즘의 상황 요약 주제 문제점 결과 전망 목적 필요성

서론	우리의 일상생활에서 텔레비전이나 라디오를 전혀 접하지 않은 생활은 거의 불가능하고 이로 인해 방송언어가 사회적으로 미치는 영향이 크다. 따라서 시청자들에게 미치는 영향이 크고, 올바른 방송 언어 사용에 대한 중요성도 더욱 강조될 수밖에 없다.	①
	방송언어의 현황을 파악하고 시청자에게 어떤 영향을 미치는지에 대한 조사가 필요하다고 보았다.	②
	이에 본 보고서에서는 방송프로그램의 언어 사용 실태를 살펴보고자 한다.	〈보기〉 주제
	이 보고서는 방송언어 실태를 살펴보고 발전 방향을 위한 자료로 활용하는 데에 있다.	③
결론	지금까지 방송 프로그램의 언어 사용 실태를 살펴보았다.	④
	요즘의 방송에서는 인기나 관심을 얻기 위해서 외래어, 비속어, 신조어 등을 많이 사용하고 있다. 이로 인해 한국어가 오염되고 있었다. 방송에서 사용하는 오염된 언어로 인해 청소년뿐만 아니라 한국인 전체의 언어생활에 심각한 영향을 미치고 있다.	⑤
	따라서 시청자들은 방송언어 오염의 심각한 영향을 깨닫고 방송언어에 대한 관심을 높여야 하며 방송에 대한 비판을 소홀해서는 안 된다. 또한 방송국에서는 국민의 언어생활에 큰 영향을 준다는 책임감을 갖고 국민의 언어생활에 모범을 보여야 하며, 나아가서는 국민의 올바른 언어생활을 앞장서서 이끌어 가야 한다.	⑥

결론에서 자주 쓰는 표현은 무엇이 있습니까?

❶ 지금까지/이상으로 -을/를 살펴보았다, 위에서 살펴 본 바와 같이, 앞서 살펴본
내용을/이를 다시 정리하면, 앞에서 쓴 내용을 짧게 정리한다 : 요약

> 예 지금까지 방송프로그램의 언어 사용 실태를 살펴보았다.
> 위에서 살펴본 바와 같이 남성어와 여성어는 차이가 나타났다.
> 앞서 살펴본 내용을 다시 정리하면 20대는 빠른 속도를 위해서 줄임말을 많이 사용하며, '개-'를
> 앞에 붙인 단어를 새로 만들어서 사용하고 있었다.

01. 〈보기〉와 같이 결론에 알맞게 쓰십시오.

> 〈보기〉 이 보고서의 목적은 효과적인 한국어 어휘 교육 방법을 살펴보는 데에 있다.
> ⇨ 지금까지 효과적인 한국어 어휘 교육 방법을 살펴보았다.

① 이 보고서는 대학생이 자주 사용하는 은어에 대해서 조사하고자 한다.

⇨ _____

② 본고에서는 한국 문화가 잘 나타나는 속담을 소개하고자 한다.

⇨ _____

❷ 앞으로 과제는 -는 것이다, 그러므로 -아/어/여야 한다/ -아/어/여야 할 것이다 : 전망

• 이 보고서의 결과를 통해서 알 수 있는 미래에 대한 추측을 쓴다.
• 문장을 강조하기 위해서 '-은/는 ~는 것이다'로 문장을 끝낸다.

> 예 20대의 언어 생활의 문제를 알 수 있었다. 앞으로의 과제는 세대 간의 의사소통에 문제가 되지
> 않는 방안을 고민해야 하는 것이다. 남녀는 다른 방식으로 의사소통하는 것으로 나타났다.
> 그러므로 서로 오해가 없도록 의사소통을 하기 위해서는 상대 언어의 특징을 잘 알아야 할 것이다.

❸ 앞으로 -이/가 필요하다, 앞으로 -에 대한 조사가 더 필요하다고 본다 : 과제

- 이 보고서의 주제와 관련되어 미래에 필요한 내용을 쓴다.
- 앞으로 어떤 조사나 연구를 더 할 것인지, 계획을 제시한다.

　　예) 언어의 오염에 대해서 살펴보기 위해 앞으로 10대부터 50대까지의 조사가 더 필요하다.
　　　　이 보고서는 방송언어의 특징에 대해서 살펴보았다. 앞으로 방송언어가 10대와 20대의 언어생활에
　　　　어떤 영향을 주는지에 대한 설문조사가 더 필요하다고 본다.

02. 다음 〈보기〉와 같이 서론을 결론으로 바꿔 쓰십시오.

서론	결론
여러분은 성에 따른 언어 차이가 있다고 생각하는가? 이 보고서는 20~40대 남성과 여성의 언어의 특징을 각각 살펴보고 남성어와 여성어를 비교하는 데에 목적을 둔다. 이를 통해 언어의 성별 차이를 밝히고 서로의 언어를 존중하는 방법을 제시하도록 한다.	성에 따른 언어 〈보기〉 차이가 나타났다 여성과 남성이 주로 사용하는 언어의 특징은 다르고, 이로 인해서 서로를 오해하기도 한다. 이 보고서는

03. 〈보기〉와 같이 서론을 결론에 맞게 바꿔 쓰십시오.

〈보기〉　본고는 어휘 교육에 문화교육을 적용할 수 있는 방안을 제시하고자 한다.
　　　⇨ 본고에서는 한국어 어휘 교육에 문화교육을 적용할 수 있는 방안을 제시하였다 .

① 본 보고서는 외국어로서 한국어 학습자들이 쓰기에서 실수하는 원인에 대해 살펴볼 것이다.
　　⇨ 　　　　　　　　　　　　　　　　　　쓰기에서 실수하는 원인에 대해
　　　　　　　　　　　　　

② 이 연구는 중학교 영어 학습에 교사, 교재, 학습자, 환경, 요인들이 어떤 영향을 미치는지 밝히고자 한다.
　　⇨ 　　　　　　　　중학교 학생들의 영어교육에 교사, 교재, 학습자, 환경, 요인들이
　　　　어떤 영향을 미치는지

04. 다음 내용으로 보고서의 결론을 쓰십시오.

①
주제 : 세대에 따른 언어 생활의 차이
전망 : 세대 간의 활발한 의사소통을 위하여 언어 생활의 차이를 줄여야 한다.

⇨

②
주제 : 한국 문화를 한국어 교육에 적용하는 방법
전망 : 앞으로 한국어 교육에 활용되기를 바란다.

⇨

③
주제 : 헌옷을 재활용하는 방법
과제 : 옷을 쓰레기로 버리지 않도록 다양한 방법을 조사한다.

⇨

결론 쓰기를 연습합니다.

01. 〈보기〉와 같이 결론을 쓰십시오.

주제	음성 언어와 문자 언어의 특성
요약	음성 언어와 문자 언어의 여러 가지 차이 첫째, 음성언어는 말하는 사람과 듣는 사람이 얼굴을 보는 상태로 사용 둘째, 음성언어는 손짓, 억양, 표정을 함께 사용 셋째, 음성언어는 같은 공간에 있기 때문에 생략하는 표현을 많이 사용
전망	음성 언어와 문자 언어는 여러 가지 차이가 있지만, 우리는 이 중 어느 하나만 사용할 수는 없다. 음성 언어와 문자 언어는 상황에 맞게 적절히 사용
계획	우리는 지속적인 관심을 가지고 효과적인 언어 사용

〈보기〉 이상으로 음성 언어와 문자 언어의 특성을 ① [＿＿＿＿＿＿＿＿＿＿] 음성 언어와 문자 언어는 여러 가지 차이가 ② [＿＿＿＿＿＿＿＿＿＿] 첫째, 음성언어는 말하는 사람과 듣는 사람이 얼굴을 보는 상태로 ③ [＿＿＿＿＿＿＿＿]. 둘째, 음성언어는 손짓, 억양, 표정을 함께 ④ [＿＿＿＿＿＿＿＿]. 셋째, 음성언어는 같은 공간에 있기 때문에 생략하는 표현을 많이 ⑤ [＿＿＿＿＿＿＿＿]. 음성 언어와 문자 언어는 여러 가지 차이가 있지만, 우리는 이 중 어느 하나만 사용할 수는 없다. ⑥ [＿＿＿＿＿＿＿＿] 음성 언어와 문자 언어는 상황에 맞게 적절히 ⑦ [＿＿＿＿＿＿]. ⑧ [＿＿＿＿＿＿＿＿] 우리는 언어에 지속적인 관심을 가지고 효과적으로 음성언어와 문자언어 사용 ⑨ [＿＿＿＿＿＿＿＿].

02. 다음 내용으로 결론을 쓰십시오.

주제	——	남성어와 여성어의 차이

목적	——	남성어와 여성어에 어떤 차이가 있는지 없는지 조사하고, 차이가 있다면 왜 그런 차이가 나타나는지를 밝힌다.

요약	——	한국어에 나타나는 남성어와 여성어의 차이는 사회적 역할의 차이 때문으로 밖에서 활동하는 남성어는 혁신적이지만, 가정생활을 하는 여성어는 더 보수적이다. 따라서 남성어보다 여성어가 더 표준어와 규범에 가깝다. 생활 영역의 차이로 남성어는 운동이나 직업 용어가 많이 쓰이고 여성어에는 색채어나 감각어가 많이 쓰인다.

전망	——	남녀의 언어 차이를 밝히고 언어 사용에 도움을 준다.

대학 보고서의 결론을 쓰십시오.

01. 보고서의 결론 내용을 아래에 정리하십시오.

주제	
목적	
요약	
전망	

02. 결론을 아래에 쓰십시오.

_____

_____

_____

_____

_____

_____

_____

_____

_____

03. 자신이 쓴 결론을 다시 읽고 평가하십시오.

	잘했다	보통	못했다
	5	3	1
1. 전체 내용을 적절하게 요약했다.			
2. 주제에 대한 과제 제시가 적절하다.			
3. 결론에 적절한 내용이 충분히 있다.			
4. 주제에 대한 전망이 적절하게 있다.			
5. 결론에서 자주 쓰는 표현을 적절하게 썼다.			
6. 결론에서 삭제하거나 보충할 내용이 없다.			
점수			_____ 점

어휘와 표현

또래 친구	same age group, friend	同龄人朋友
상대방	the other party	对方
실태	real condition	失态/实况
사용	use	使用
방안	way, measure	方案
은어	slang, jargon	暗语
비속어	vulgarism, slang	俚语
줄임말	abbreviation	简称

대학 보고서로 좋은 점수를 받는 방법

❶ 보고서의 목적을 먼저 생각하기

독자가 보고서를 읽고 나서 "왜 이걸 쓴 것일까?", "이 보고서의 목적은 무엇인가"라는 질문을 하게 해서는 안 된다. 보고서를 쓰기 전에 목적과 주제에 대해 충분히 생각한다.

❷ 정확한 내용 쓰기

보고서의 주제가 확실해야 한다. 내 주제와 관련된 내용을 객관적인 내용으로 적절하게 인용해서 써야 한다. 거짓 자료를 사용하거나 표절하면 안 된다.

❸ 쉽고 읽기 편하게 쓰기

주제와 관계없는 내용이 너무 많으면 안 되지만 내용을 너무 요약하면 무슨 주제인지 알 수 없다. 보고서는 단어만 나열하는 '개조식'이 아니라 문장으로 써야 한다.

❹ 이해하기 쉽게 쓰기

전문용어를 지나치게 많이 쓰거나 외래어를 너무 많이 사용하지 않는다. 내용도 체계적으로 쓴다. 글만 길게 쓰기보다 표, 그래프나 그림을 이용한다.

❺ 완결성 있게 쓰기

보고서 내용만으로 주제에 대해서 충분히 알 수 있도록 서론-본론-결론을 구성하여 쓴다. 글이 중단된 느낌을 주지 않아야 한다.

❻ 기한 내에 제출하기

아무리 잘 쓴 보고서라고 해도 마감 기한까지 내지 못하면 좋은 점수를 받기 어렵다. 그리고 교수님께 보고서를 이메일로 제출하는 경우 이메일에 보고서 파일을 첨부했는지 반드시 확인한다.

NOTE

부록

발표 준비와 발표 잘하는 방법

1. 발표와 발표 준비

❶ 발표하기

- 발표하기(presentation, 프레젠테이션)는 발표자가 주제에 관해서 수집, 분석, 조사, 연구한 내용을 시각적인 자료(그림, 사진, 파워포인트 등)를 이용하여 청중에서 전달하는 의사소통의 방법이다.
- 대학에서는 준비한 보고서, 자료, 실험 등을 바탕으로 개인 발표, 조발표를 한다. 발표는 대학생이 강의를 수강하면서 배운 내용을 활용하고, 그 학생이 갖추고 있는 종합적 능력을 평가하기 위해서 사용되기도 한다.

❷ 발표 준비

보고서 완성

발표 자료 준비

- 발표의 목적이 설명하기 위한 것인지 주장하기 위한 것인지 조사 결과를 알리기 위한 것인지 생각한다.
- 발표 장소와 발표 시간은 어떤지를 고려하고 발표를 들을 청중의 관심이나 흥미 등을 생각하여 시각자료를 만든다.

발표용 원고 준비

발표 중 이것만 주의하세요!

① 원고만 보고 발표하면 안 돼요.
② 화면만 보고 발표하면 안 돼요.
③ 청중만 보고 발표하면 안 돼요.
④ 청중에게 등을 돌리고 발표하면 안 돼요.
⑤ 한 가지 내용을 너무 오래 이야기하면 안 돼요.

원고	발표할 자료나 발표용 원고를 준비

연습	발표 시간과 발표 환경을 고려하여 실제처럼 연습하고, 실수에 대처할 수 있는 방법도 생각

도입	인사, 자기소개, 청중의 주의를 끌기 위한 주제에 대한 배경 설명, 발표의 목적과 내용(소주제)을 소개 전체 발표 시간의 5~10% 정도

본론	청중과 의사소통하기 위한 비언어적인 표현을 사용 풍부한 내용과 적절한 예를 들면서 발표 전체 발표 시간의 80~90% 정도

결론	주제를 강조하면서 요약 청중의 충분한 이해 확인과 질문 전체 발표 시간의 5~10% 정도 마무리 인사

좋은 발표의 요소

도입

시작, 소개

- 인사
- 발표자 소개
- 주제 소개

▶

본론

설명 또는 주장

- 주제 발표
- 적절한 예
- 비언어적 표현

▶

결론

요약, 질문

- 주제 강조
- 질문
- 끝인사

발표를 할 때는 시각적인 자료를 사용한다. 청중에게 많은 정보를 효과적으로 전달할 수 있고, 말만 하는 것보다 이해하기 쉽다. 발표는 자료를 잘 만든 것만으로도 좋은 평가를 받을 수 있다. 따라서 여러 가지 방법으로 자신의 발표에 적절한 발표 자료를 만들 줄 알아야 한다. 요즘 대학교에서 많이 사용되는 발표 자료 프로그램은 파워포인트(Power Point), 키노트(Keynote), 프레지(Prezi) 등이 있다.

❶ 파워포인트(PowerPoint)

- 강의처럼 학문적인 내용이 중심이며 논리적인 경우 사용하기 쉽다.
- 순서대로 발표할 수 있도록 복잡한 내용을 잘 정리할 수 있다.
- 만드는 방법을 어느 정도 배워야 사용이 가능하다.
- 파워포인트를 사용하기 위해서는 프로그램을 사야 한다.

❷ 키노트(Keynote)

- 청중이 집중하기 쉽도록 해준다.
- 사용이 편리하고 깔끔한 느낌으로 내용을 보여준다.
- 키노트로 만든 자료는 파워포인트에 삽입하기 쉽다.
- 키노트를 사용하기 위해서는 애플 컴퓨터가 필요하다.
- 멋진 디자인을 하기는 좋지만 디자인에 대한 감각이 있어야 한다.

❸ 프레지(Prezi)

- 발표자가 중심이 되는 내용에 적합하다.
- 창의적이고 이야기가 있는 내용을 보여주기 쉽다.
- 만드는 방법이 쉽고 인터넷의 자료를 삽입하기 편하다.
- 청중이 발표자에게 집중하여 열정적으로 발표하도록 해준다.
- 학생의 경우 인터넷에서 무료로 이 프로그램을 사용할 수 있다.
- 잘 못 만들면 내용이 정리가 안 되고 청중들이 이해하기 어렵다.

❶ 자료의 구성

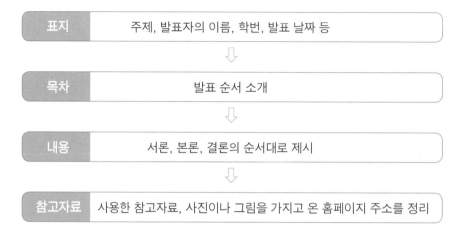

표지	주제, 발표자의 이름, 학번, 발표 날짜 등

⇩

목차	발표 순서 소개

⇩

내용	서론, 본론, 결론의 순서대로 제시

⇩

참고자료	사용한 참고자료, 사진이나 그림을 가지고 온 홈페이지 주소를 정리

❷ 발표 자료 만들기

- 글자는 청중이 볼 수 있도록 크게 한다.
- 발표 자료의 글은 짧아야 한다. 문장이 아닌 명사나 단어로 요약한다.
- 이미지(사진, 그림)는 쉬운 이해를 위해서 사용하며, 꼭 필요한 경우에만 넣는다.
- 이미지는 크고 선명해야 한다. 인터넷에서 이미지를 검색할 때 png, 512를 사용하여 검색하면 선명한 자료를 찾을 수 있다.

  예 사과.png, 사과.512

- 한 화면에 너무 많은 이미지를 사용하지 않는다.
- 누구나 예상이 가능한 이미지보다 창의적인 것을 이용하여 관심을 집중시키도록 한다.

❸ 발표 자료 예시

- 발표의 내용을 짧게 요약해서 청중이 발표에 집중하도록 한다.

❹ 발표 자료의 예

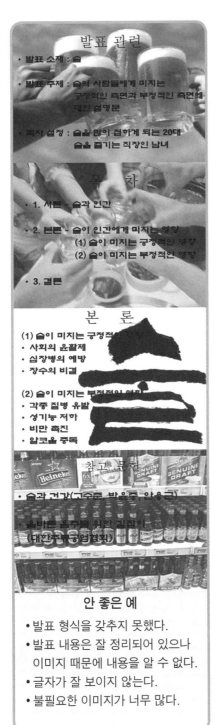

안 좋은 예
- 발표 형식을 갖추지 못했다.
- 발표 내용은 잘 정리되어 있으나 이미지 때문에 내용을 알 수 없다.
- 글자가 잘 보이지 않는다.
- 불필요한 이미지가 너무 많다.

좋은 예
- 발표 표지부터 형식을 모두 갖추고 있다.
- 발표 내용과 적절한 이미지를 사용했다.
- 글자가 청중이 충분히 보일 수 있게 크게 했으며, 내용도 잘 요약했다.

5. 발표에 사용되는 표현

[비언어적 표현]

말 격식체인 '-ㅂ/습니다'로 말한다. 크고 또렷한 목소리로 청중을 보면서 말한다.
몸짓 청중 쪽을 보면서 한다. 팔짱을 끼거나 책상 뒤에서 숨어서 하지 않는다. 날씨 안내 뉴스의
     아나운서 태도를 참고하는 것이 좋다.

⇩

[도입]

인사 "안녕하십니까. 오늘 발표를 맡은 00학과, 000입니다."

주제 "오늘 제가 발표할 내용은 _____에 대한 것입니다."

목차 "이 주제에 대해 목차에서 보시는 바와 같이 _____, _____, _____ 순으로 발표하겠습니다."

⇩

[발표 중]

서론 제가 이 발표를 준비한 이유는 _____입니다.

본론 여기 표1을 보시면 _____을/를 알 수 있습니다.

결론 지금까지 _____에 대해서 발표를 하였습니다.

⇩

[질문]

발표 내용에 대해서 질문이 있으시면 해 주시기 바랍니다.

질문 감사합니다. 저는 그 질문에 대해 _____(이)라고 생각합니다.

⇩

[마무리]

지금까지 발표 들어주셔서 감사합니다.

이상으로 제 발표를 마치도록 하겠습니다.

● 다음은 발표에 대한 청중의 평가이다. 발표를 준비하면서 아래의 사항을 미리 준비한다.

	잘했다 10	보통 6	못했다 2
1. 발표자가 인사와 자기소개를 잘 했다.			
2. 적절한 자료가 충분해 이해하기 쉽다.			
3. 주제에 대해 논리적이고 객관적으로 썼다.			
4. 주제에 대한 내용이 충분하다.			
5. 이미지가 내용을 이해하기에 적절하다.			
6. 목소리가 크고 억양과 어조가 이해하기에 적당하다.			
7. 발표가 정해진 시간에 끝났다.			
8. 자세(손동작, 눈)가 자연스럽다.			
9. 필요 없는 말이나 어색한 표현이 없다.			
10. 청중의 질문에 적당한 대답을 했다.			
총 점수			점

어휘와 표현

한국어	중국어	영어
가치관	价值观	value
간호학과	药学	department of nursing science
감상하다	欣赏	appreciate
강조	强调	emphasis
개념	概念	concept, idea
개별적	个别	individually
개요	概要	outline
객관적	客观(的)	objective
검색	搜索	search
결석	缺席	absence
경력	提前	career, work experience
경영학과	经营系	business administration department
경험을 쌓다	积累经验	get experience
고집이 세다	倔强	be stubborn
공강	没课	between classes
과목	科目	subject, course
관계를 발전시키다	关系发展	develop relationship
관계를 유지하다	维持关系	maintain relationship
관용	宽容	tolerance, generosity
교내외활동	校内外活动	school activities and extramural activities
교양선택(교선)	教育选择	liberal choice
교양을 갖추다	具有教养	have culture
교양필수(교필)	教养必修	culture mandatory
교환	交换	exchange
구매	购买	purchase
구매취소	取消采购	purchasing cancel
구체적	具体(的)	detailed, definite
국어교육과	国语教育系	korean language education
국어국문학과	国语国文学科	department of korean language and literature
국제통상학과	国际通商专业	department of international trade

한국어	중국어	영어
근거	根据	grounds, basis
금융학과	金融专业	financial department
급하다	急	be impetuous
긍정적	肯定	positive, affirmative
기계공학과	护理学科	department of mechanical engineering
기계를 다루다	不适合自己	handle a machine
기형	畸形	malformation, deformity
꼼꼼하다	仔细	meticulous, detailed
꾸준하다	不懈	steady, constant
나트륨	钠	sodium, natrium (Na)
낙천적이다	乐天达观	radiate optimism
내다	出	submission
내성적이다	内向	introverted, reserved
네이티브	本地人	native
논리적	逻辑	logical
논문	论文	research paper, thesis
논증하다	论证	demonstration
논하다	论	discuss
농약	农药	agricultural pesticides
느긋하다	反酸	relaxed, carefree
단락	段落	paragraph
단점	缺点	weakness, flaw
담화표지	话语标志	discourse marker
답장	回复	reply, answer
대기오염	空气污染	airpollution
대인 관계	人际关系	personal relations
도전정신	挑战精神	challenge spirit
독자	读者	reader
동기	同期同学	classmate
동문	校友	alumnus, alumna
동의	动议	agreement consent
디자인학과	设计系	design department
디저트	甜点	dessert
디지털	数字的	digital
또래 친구	同龄人朋友	same age group, friend

한국어	중국어	영어
뜻	意思	meaning, sense
로그인	登录	login
마감	期限	deadline
마케팅	营销	marketing
멀티미디어	多媒体	multimedia
멸종	灭绝	extinction
명언	名言	famous saying, mot
모교	母校	alma mater
목차	目录	table of contents
무사히	平安无事地	safely, all right
무용학과	舞蹈系的	dance department
문단	语段	paragraph
문헌정보학과	文献信息学专业	department of dibrary and information science
미래	未来	the future
미리	取消讲课	beforehand, in advance
방법	方法	way, means
방안	方案	way, measure
병결	因病缺勤	absence on account of illness
보건소	保健所	health center
보고하다	报告	report
복사실	复印室	photocopy room
부지런하다	勤快	hard-working, diligent
분석하다	分析	analysis
불성실하다	不诚实	faithless, untrustworthy
비밀번호	密码	password
비속어	俚语	vulgarism, slang
비즈니스	商务	business
사교적이다	社交性	sociable, outgoing
사용	使用	use
사적	私人	personal, private
사회복지학과	社会福祉学科	department of social welfare
상대방	对方	the other party
상상력이 풍부하다	富于想象力	beimaginative
새내기	新手	freshman
생각	想法	thought

한국어	중국어	영어
생략	省略	ellipsis
생명과학과	生物科学	department of life science
생물학과	生物学课	department of Biology
서술하다	叙述	description
선배	前辈/学兄	superior
성공	成功	success
성실하다	老实	faithfulness, sincerity
성장과정	成长过程	process of (one's) growth
소극적이다	消极	passive, half-hearted
소셜 네트워크 서비스	社会性网络服务	social network service
속담	俗语	adage saying, proverb
수강	听课	take a class
수강신청을 하다	选课	register for courses
수량	数量	amount, quantity
수줍음을 타다	腼腆腼腆/脸嫩	bashful
수질오염	水质污染	water pollution
스터디	学习小组	study
스팸메일	垃圾邮件	spam, junkmail
승부	胜负	contend for victory
시간표를 짜다	时间表	make out a schedule
시사적	时事性	current events, current affairs
시설	社论	facilities
신문방송학과	新闻广播学系	department of mass communication
신입생	新生	freshman
실천	实践	practice, action
실태	失态/实况	real condition
실패	失败	failure, washout
심리학과	心理学	department of psychology
아르바이트	打工	arbeit
애니메이션학과	动漫专业	illustration and animation
약학과	医学	department of pharmaceutical sciences
양해	谅解	consent, excuse
열람실	阅览室	reading room
염분	盐分	salt, salinity
오리엔테이션	入学教育	orientation

한국어	중국어	영어
오프라인	下网	offline
온라인	在线	online
외향적이다	外向	extroverted
요령	诀窍	trick, know-how
요청	要求	request, demand
용어	用语	technical term
유아교육과	幼儿教育专业	early childhood education
은어	暗语	slang, jargon
음악학과	音乐系	a music department
의견	意见	opinion, view
인간관계	搭上关系/人类建立关系	human relations
인용	引用	quotation
인재	人才	talented person
일화	逸事	anecdote, story
입사	进入	join a company
입학생	新生	freshman
입학식	入学仪式	matriculation ceremony
자료	材料	material, reference
자퇴하다	情报通信专业	drop out of school
장단점	经历	pros and cons, merits and demerits
장점	优点	advantage, merit
장학금	奖学金	scholarship, fellowship
재수강	重修	course retake
재학증명서	在校证明书	proof of enrollment
재활용	再利用	recycling
저염	低盐	low-saltdiet
적극적	积极的	active, aggressive
적성에 맞지 않다	转专业/半路出家	not fit in aptitude
적응을 잘 못하다	适应不好	fail to adapt
전공선택(전선)	选择专业	major selection
전공을 바꾸다	退学	change one's major
전공을 선택하다	拿到分数	select major
전공필수(전필)	专业必修课	required major course
전달	传达	delivery
전망	展望	prospect

한국어	중국어	영어
전문인	专业人士	specialist, expert
전혀	全然	completely, absolutely
점수를 따다	操纵机器	get marks
정보통신공학과	计算机专业	department of information and communication engineering
정의	正义	definition
제목	题目	title
제출하다	提出	submission
조사하다	调查	investigation, inquiry
종합적	综合的	overall, comprehensive
줄임 표현, 줄임말	减少的表达	abbreviation
중요	重要	important
증가	增加	increase, growth
지각	迟到	lateness, be late
지식인	知识分子	intellectual, clerisy
지원동기	应聘动机	reason for application
차례	次序	order
참고자료	参考资料	reference, reference data
책임감이 강하다	负责	have a strong sense of responsibility
처리비용	处理费用	expenses for handling
첨부	附件	attach
첨부파일	附件	attachment, attachedfile
추가	追加	addition
추천서	推荐书	reference, recommendation
출시	上市	release, launch
출처	来源	source
캠퍼스	校园	campus
컴퓨터공학과	机械工程专业	department of computer science
쿠폰	联券	coupon
토양오염	土壤污染	soilpollution
통계	统计	statistics
트렌드	趋势	trend
평가	评价	assessment, judgment
폐강	选择专业	close lecture
폐수	废水	waste water
포부	抱负	aspiration, hope

한국어	중국어	영어
포장	包装	packing
표절	剽窃	plagiarism
표현	表现	expression
품사	词类	part of speech
품절	脱销	run out of stock, be sold out
프리미엄	优质品牌/溢价	premium
필수품	必需品	necessaries
필요성	必要性	necessity, need
필자	笔者	author, writer
학번	学号	generation
학생회관	学生会馆	student union
학점	学分	credit
학점을 따다	获得学分	earn credits
학창생활	学生时代	school life
행정학과	行政学系	department of administration
형식	形式	form, formality
혜택	优惠	benefit
화학제품	化学产品	chemical products
환불	退款	refund
활달하다	活泼	outgoing, lively
활용	活用	application, practical use
회계학과	会计学专业	an accounting department
회신	回信	reply, answer
휴강	停课	cancel a class
휴지통	回收站	wastebasket
흥미	兴趣	interest

정답 및 모범답안

2과 구어체와 문어체의 특징

준비하기

2. 1) 말 2) 말 3) 글 4) 말 5) 글
3. 말은 상대방과 얼굴을 보고 하지만, 글은 누군지 알 수 없는 사람이 읽기 때문에 말과는 다르다. 일반적으로 유학생들은 한국어를 공부할 때는 자신의 생각을 표현하고 한국 사람과 대화하기 위해서 구어체를 많이 공부한다. 하지만 대학이나 직장에서 쓰는 공식적, 객관적인 글은 문어체로 쓴다.

읽고 알아보기

1. 1) ❶ 2) ❶ 3) ❷ 4) ❶ 5) ❷
2. ❶한국과 일본은 식사 예절이 비슷할 줄 알았는데 진짜 진짜 다르네요.
   ❷한국과 일본 두 나라는 식사예절이 비슷할 거라고 생각하지만 차이점도 많다.

연습하기

1. 1) 나는 졸업할 때까지 동아리활동이 매우 재미있었다.
   2) 오늘 신입생들이 어디에서 입학식을 하는가(?)
   3) 그리고 부모님들에게도 축하와 환영의 말을 하고 싶다.
   4) 선배들이 길을 잘 알아서 찾는 것을 도와줄 것이다.
2. ① 에게도(께도) ② 말을 하겠다. ③ 무엇을
   ④ 아는가? ⑤ 될 것이다 ⑥ 과
   ⑦ 있을 것이다
3. 맞지요? / 전 / 해요 / 저도
   맞는가?   나는   한다   나도
   유학생이에요 /
   유학생이다
   참 빨라요 / 되었네요 저는 / 왔어요 / 젤
   아주 빠르다   되었다   나는   왔다   제일
   힘들었어요 / 제가
   힘들었다   내가

아무한테도 / 거예요 / 힘들지요
아무에게도   것이다   힘들다
이제는 / 학생이에요 / 대학이랑 / 거예요
          학생이다   대학과   것이다

전화하세요 / 저한테 / 이랑 / 연락하세요
 전화하라   나한테   과   연락하라
여러분이 먼저 / 할 걸요 / 거예요
              할 것이다 것이다

쓰기

〈모범답안〉
① 내 이름은 이가초이다. 나는 중국사람이다. 나는 한국에 온 지 2년이 되었다. 나는 2016년도에 입학한 경영학과 16학번이다.
② 나는 중학생 때부터 한국 가수를 좋아해서 한국에 관심이 많았다. 한국문화에 대해서 배우고 한국에서 경영학도 전공하고 싶어서 한국으로 유학을 왔다.
③ 한국에서 1년 반 동안 한국어를 공부했다. 가족이 보고 싶었다. 주위에 좋은 친구들이 많아서 잘 지낼 수 있었다.
④ 대학교에서 경영학에 대해 많이 배우고 싶다. 나는 사진 찍기가 취미여서 사진 동아리에 관심이 있다. 그리고 나는 대학교에서 많은 친구를 사귀고 싶다.
⑤ 졸업 후에는 고향에 있는 회사에서 일하고 싶다.

3과 문장 정확하게 쓰기

준비하기

2. 1) 교양 2) 전공 3) 휴강 4) 수강신청 5) 공강
3. 1) 멋있고 '키'까지 크다. 모두 좋다.
   2) 멋있고 '키' 하나만 작다, 좋은데 키 하나가 안 좋다.
   3) 멋있지 않지만 '키' 하나는 크다. 키 하나만 좋다.
   4) 모두 안 좋다. '키'까지 안 좋다.

읽고 알아보기

1. ①, ④, ⑤
2. 1) 에서 / 을 / 는 / 에
     조사 / 조사 / 조사 / 조사
   2) 는 / 에
     조사 / 조사
   3) 도 / 와 / 입니다
     조사 / 조사 / 조사
3. 1) ① 2) ②

알아보기

1. 1) 이, 은, 가   2) 가, 은, 가
   3) 가, 가, 는   4) 는, 은
2. 1) 후배를   2) 강의를
   3) 수강 신청을, 강의를(전공을)
3. ① 가, 는, 이
   ② 은, 을, 을
4. 1) 를, 에게, 에게(한테), 을
   2) 에게, 가, 이다
   3) 을, 에게, 를, 를
5. ①, ④
6. ① 으로, 에, 을
   ② 는, 에, 에서, 에
   ③ 는, 에, 로, 을
   ④ 은, 로, 에, 에, 로, 에
7. ① 왕리가 도서관에서 책을 빌린다.
   ② 수강 신청 전에 선배에게 물어본다.
   ③ 선배가 신입생에게 전공책을 빌려준다.
   ④ 총장님이 신입생에게 대학생활을 연설한다.

연습하기

1. 에서, 로, 는, 에, 를, 를, 을, 이, 과, 을, 도, 에게,
   을, 는, 에서, 에, 에게, 를, 도, 에서는, 에서, 를, 은,
   에서, 의, 과, 을 이, 가, 는, 에, 이, 은, 부터, 에, 에서
   을, 를, 에, 을, 을, 이, 가
   를, 은, 을, 과, 을, 에
2. 거리는/ 강의가 / 것과 / 학교과 / 거리는 / 수이도
         가   는   이   와   가   도
   하루에 / 대학생이 / 대학생에는 / 과제이
         는   은   에게는   가
   강의이 / 강의도 / 강의도 / 건물에
         를   도   도   에서
   강의가/ 강의실은 / 강의실와 / 거리는 / 자기에
         를   이   과   를   에게
3. 과목을 / 대학교는 / 강의가 / 학점을 / 강의를 /
   학과사무실에서 / 학과사무실에서 / 선배들에게

256 정답 및 모법답안

쓰기

1. 1) 홈페이지, 학번
   2) 수강 신청 화면, 학년, 과목
   3) 학점, 1학년, 전공
2. 수강 신청 / 꼭 수강해야 하는 과목 / 교양 과목
   전공필수(과목) / 전공 공부 / 다양한 경험 / 관심
   (적성) / 전공 / 필수 학점을 딴다.

4과 문장과 문장 연결하기(1)

읽고 알아보기

1. 고, 고, 지만, 하므로, 그렇지만, 기 때문에, 고

알아보기

1. ① 내 미래를 생각해서 전공을 선택했다.
   ② 어제 약속한 선배를 만나서 시험에 대한 정보를
     들었다.
   ③ 선배들에게 취업에 대해 이야기하고 여러 가지
     조언을 들었다.
2. 1) ② 2) ③ 3) ①
3. 1) 대학 강의는 조별과제가 많기 때문에 동기들과
     관계가 중요하다
   2) 이 강의는 선배들이 많이 수강해서 좋은 학점을
     받기 어렵기 때문에 신청을 취소할 것이다.
4. ① 지각하면 학점이 안 좋으므로
   ② 다음 강의까지 시간이 많으니
5. ① 지난 학기에 이 강의를 수강했으나 학점이 좋지
     않아서 재수강 할 것이다.
   ② 그 친구와 전공이 달랐으나 같이 듣는 교양이
     많아서 친해졌다.

연습하기

1. ① 그리고 ② 그래서 ③ 그렇지만 ④ 그렇기 때문에
   ⑤ 그러므로
2. ① 대학교 강의를 들으려면 한국어를 잘해야 하므로
     한국어부터 열심히 공부해야 한다.
   ② 결석이 많고 중간고사와 기말고사 점수가 안 좋
     아서 이번 학기 F학점을 받았다.
   ③ 토픽 3급을 따면 입학할 수 있지만 나는 5급을
     딴 후에 입학해서(했기 때문에) 글쓰기를 잘 하

는 편이다.
3. ① 디자인을 전공해서
   ② 나는 숫자를 꼼꼼하게 잘 계산한다.
   ③ 글쓰기를 좋아한다.
   ④ 아픈 사람을 돕고 싶
   ⑤ 애니메이션을 전공하
   ⑥ 책 읽기를 좋아해, 문헌 정보를 전공했다. 영화를 좋아해서, 경영학을 전공하

쓰기

① 나는 내 성격과 흥미에 대해서 〈보기〉 잘 모르는 편이다. 나는 어릴 때 ① 자전거를 수리하거나 컴퓨터로 게임하기를 좋아했다. 그래서 어릴 때 ② 컴퓨터 수리 기사가 되고 싶었다. 대학에 입학할 때 전공 선택을 ③ 부모님과 상담했다. ④ 부모님은 졸업 후에 쉽게 취업할 수 있기 때문에 이 전공을 결정하셨다. 그래서 지금 ⑤ 경영학을 전공한다. 이 전공은 졸업 후에 보통 ⑥ 회사원이 된다. 그렇지만 ⑦ 숫자를 자세히 보는 것은 내 적성에 ⑧ 맞지 않아서 나는 지금의 전공 선택에 ⑨ 만족하지 않는다. 그래서 처음에 ⑩ 자퇴도 생각했지만 지금 생각으로 ⑪ 3학년 때 부전공으로 컴퓨터 공학을 신청할 생각이다. 그리고 졸업 후에 ⑫ 컴퓨터 공학과 경제학과 관련된 회사에 취업을 하고 싶다.

5과 문장과 문장 연결하기(2)

준비하기

2. 1), 3), 5)

읽고 알아보기

1. 1) ② 2) ① 3) ②

2. 1)

나	는		그		선	배	를		잘		모
른	다	.	얼	굴	만		알		뿐	이	다	.

2)

대	학	교	에		입	학	한		지	도	
벌	써		한		달	이		지	났	다	.

3. ① 계시는 ② 다니는 ③ 많다 ④ 읽을

알아보기

1. ① 조는 민호를
   ② 리타가 고향에서 돌아온 것을
   ③ 시험 기간에 공부할 책을
2. ① 깨우는 ② 졸업할 ③ 근무하던
3. ① 가까운 ② 찾는 ④ 마시는
4. ① 학생회관에 회원들이 모이는 동아리 방이 많다.
   ② 도서관 4층에는 필요한 자료를 읽을 수 있는 열람실이 있다.
   ③ 학생증이 없으면 학생인 것을 알 수 있는 재학증명서가 있어야 도서관을 입장할 수 있다.
5. ① 따뜻한 ② 걷던 ③ 빌리던 ④ 우체국이었던
6. ① 대출할 ② 들을 때 ③ 준비할 ④ 가는

연습하기

1. ① 회원들이 모이는   ② 두통처럼 가벼운
   ③ 모여서 이야기 할 수 있는
   ④ 학생인 것을 알 수 있는
2. ① 커피를 마시는   ② 누워서 책을 읽는
   ③ 사용하는   ④ 음악을 듣는
3. ① 시간을 보낼   ② 모여서 이야기할
   ③ 자료를 볼 수 있는   ④ 자료를 찾을 수 있는
   ⑤ 복사할 수 있는   ⑥ 공부할 수 있는

쓰기

1. 나는 〈보기〉 운동을 좋아해아/어/여서 ① 체육관을/를 자주 이용한다. 이곳은 대학교 ② 정문 근처에 있는 ③ 4층 건물이다. 이곳의 지하는 ④ 헬스를 할 수 있는 ⑤ 헬스장, 1층은 ⑥ 수영을 할 수 있는 ⑦ 수영장, 2층은 ⑧ 농구을/를 할 수 있는 ⑨농구장, 3층과 4층은 ⑩ 체육학과가 있는 ⑪ 체육학과 사무실과 ⑫ 체육학과 학생들이 공부 할 수 있는⑬ 강의실, 옥상에 ⑭ 테니스를 칠 수 있는 ⑮ 테니스장이 있다. 나는 ⑯ 그 건물에서 친구들과 모여서 농구를 한다. 이곳은 ⑰ 한 달에 2만원으로 이용할 수 있다.

6과 단락 쓰기

준비하기

3. 1) ② 2) ① 3) ③ 4) ⑤ 5) ④

읽고 알아보기

1. ① 성장 과정, ② 학창 생활, ③ 교내외 활동, ④ 성격의 장점과 단점, ⑤ 성공과 실패의 경험, ⑥ 지원동기와 입사 후 포부

알아보기

1. ① 꼼꼼한, ② 수줍음을 타는, ③ 느긋하, ④ 내성적
3. ① 저는 우물을 파도 한 우물을 파야한다고 항상 생각합니다.
   ② 저는 꿈이 크면 성공할 때까지 시간이 좀 더 걸린다고 봅니다.
   ③ 아버지께서 하늘은 스스로 돕는 사람을 돕는다고 자주 말씀하셨습니다.
4. ① 저는 대학생활이 사회생활의 준비 과정이었다는 생각이 들었습니다.
   ② 저는 이 회사는 계속 성장할 것이라는 생각을 했습니다.
   ③ 저는 노력하면 내가 회사를 경영하게 될 날이 온다는 느낌이 들었습니다.
5. ① 경력을 쌓았습니다   ② 을 바탕으로

읽고 알아보기

1. ①
2. 1) 다음과 같다, 첫째, 둘째, 반면, 셋째, 특히
   2) 소주제 : ① SNS이용률 보고서
      뒷받침문장 : ② 연령별로 이용률의 차이, ③ SNS 서비스별 이용률, ④ SNS를 이용하는 기기

알아보기

1. 1) ② 2) ③ 3) ①
2. 소주제 문장: ① 단락을 쓸 때는 소주제 문장의 위치에 따라 차이가 있다
   ② 앞에 있다, ③ 둘째, ④ 중간에 있다, ⑤ 셋째, ⑥ 뒤에 있다
3. ① 팀   ② 앙코르   ③ 윈도
4. ① 로봇   ② 초콜릿   ③ 슈퍼마켓
5. ① 베이징   ② 시스템   ③ 콘텐츠
6. ① 프라이팬   ② 카펫   ③ 파이팅
7. ① 파일   ② 뤄양   ③ 노트
   ④ 아르바이트 ⑤ 스트레스   ⑥ 텐안먼
   ⑦ 하노이   ⑧ 알레르기   ⑨ 서비스
   ⑩ 바나나   ⑪ 텔레비전

연습하기

1. ① 캠퍼스   ② 인터넷   ③ 오프라인
   ④ 온라인   ⑤ 소셜 네트워크 서비스
2. ① 다음과 같다 ② 첫째
   ③ 둘째   ④ 반면
3. 대학생은 얇고 넓은 인간관계를 맺는 것은 아니다
   20대는 off-line 상에서의 인간관계를 중요하게 생각하고 있는 것을 알 수 있었다.
4. 소주제 : ❶ 온라인 인간관계, ❷ 오프라인 인간관계
   뒷받침문장 : ❸ 온라인 인간관계의 특징
   ❹ 오프라인 대인관계의 특징
   ❺ 오프라인 상의 인간관계가 중요

8과 요청하는 이메일 쓰기

준비하기

3. 1) ①, 2) ④, 3) ③, 4) ②, 5) ⑤

읽고 알아보기

1. 1) ①, 2) ⑤, 3) ④, 4) ③, 5) ②, 6) ⑦, 7) ⑥
2. ①
3. 1) 언제나 저희 홈쇼핑을 이용해 주셔서 감사드립니다.
   2) 양해를 바랍니다. 진심으로 죄송합니다.

알아보기

1. ① 혹시 시간을 좀 내 주실 수 있습니까?
   ② 이메일이 아직 안 왔는데 혹시 첨부파일을 다시 보내주실 수 있습니까?
   ③ 죄송하지만 (오늘 저희 동아리에서 여행을 가는

7과 취업을 위한 자기소개서 쓰기

준비하기

1. 인성: 성장과정, 학창생활, 장점과 단점
   능력: 성공과 실패의 경험, 경력

데) 내일(까지) 과제를 내도 됩니까?
2. ① 제가 급한 일이 있는데 이메일에 빨리 답장해 주실 수 있습니까?
   ② 대단히 죄송합니다. 보고서를 하루만 늦게 내도 될까요? (제가 출력을 해서 교수님 연구실로 가지고 가도록 하겠습니다.)
   ③ 제가 빨리 읽어보고 싶어서 그러는데 전공 책을 빌려 주실 수 있어요? (제가 빨리 보고 갖다가 드릴게요.)
3. ① 그것도 좋아. 그런데 이번 주에 벚꽃이 예쁘던데. 다음 주면 꽃이 없을 것 같아.
   ② 맞아요. 그 때가 괜찮기는 해요. 그런데 제 강의가 6시에 끝나요. 6시 30분에 하는 게 어때요?
4. ① 다름이 아니라, 나중에 봐도 되는지요.
   ② 다름이 아니라, 없게 되었습니다. 하루만 늦게 내도 되는지요?
5. ① 있는지요? ② 양해를 바랍니다
   ③ 양해해 주시면/양해해 주실 수 있는지요?

연습하기

1. ① 다름이 아니라,
      내게 되었습니다
   ② 다름이 아니라, 제가 한국어를 잘 못해서, 죄송한데 다음 시간에 자세히 말씀 해 주실 수 있는지요?
2. ① 교수님께서 바쁘신데 다시 설명해 주셔서 감사드립니다.
   ② 바쁘신데 제 보고서를 받아 주셔서 감사드립니다.
3. ① 양태영 교수님 안녕하세요.
   ② 저는 수요일 1시~2시 사고와 표현 수업을 듣고 있는 경영학과 이가초입니다.
   ③ 사고와 표현 과제인 창의적으로 자기소개하는 수업시간에 프린트해서 제출했고 이메일로 첨부 파일도 보냈습니다.
   ④ 다름이 아니라 교수님께서 바쁘신데 죄송하지만 메일을 받으셨는지 궁금해서 다시 메일을 보냅니다. 이메일을 다시 확인해 주시길 부탁드립니다.
   ⑤ 바쁘신데 제 부탁을 들어주셔서 감사합니다.
   ⑥ 안녕히 계십시오.

쓰기

〈모범답안〉
1. 정서영 교수님께
   정서영 교수님 안녕하세요.
   저는 한식의 이해 강의를 듣고 있는 신문방송학과 여경호입니다. 저를 기억하시는지요? 자주 질문하는 중국 학생이지만 100명이 수강하는 강의라서

교수님께서 저를 잘 모르실 수도 있을 것 같습니다. 다름이 아니라 기말보고서가 토요일까지인데 제가 금요일 학과에서 MT를 갑니다. 제가 과대표라서 준비해야 하기 때문에 보고서를 내지 못할 것 같습니다. 이메일로 부탁을 드리게 되었습니다. 너무 늦게 이메일을 드려서 죄송한데 월요일까지 내도 되는지요? 교수님께서 양해해 주신다면 정말로 고맙겠습니다. 감사합니다. 건강 조심하십시오. 안녕히 계십시오.
2. 교수님 안녕하십니까?
   저는 금융학과 4학년 리핑이라고 합니다. 저를 기억하시는지요? 교수님의 전공 강의를 두 번 들은 적이 있습니다. 그 때 무척 재미있게 강의를 들었습니다. 교수님의 강의를 듣고 전공에 더 많은 관심이 생겨서 대학원에 진학하려고 합니다.
   다름이 아니라 교수님께서 시간이 되신다면 대학원 진학에 대해서 상담을 하고 싶은데 시간을 내 주실 수 있는지요? 교수님께서 한 번만 저를 만나주신다면 정말 감사하겠습니다. 바쁘신 교수님께 이런 부탁 드려 죄송합니다.
   교수님 언제 시간이 괜찮으신가요? 편하신 시간을 알려 주시면 찾아 뵙도록 하겠습니다.
   그럼, 감사합니다.
   연락 주십시오. 연락 기다리겠습니다.
   안녕히 계십시오.

9과 서술식시험 답안 쓰기

준비하기

2. 1) ③ 2) ② 3) ①

읽고 알아보기

1. ④
2. ②

알아보기

1. 1) 조사란 단어 사이의 문법적 관계를 나타내는 말이다.
   2) 단락이란 글에서 독자들이 이해하기 쉽도록 하나의 생각으로 쓴 단위이다.
2. ① 이란, ② 것이다, ③ 다시 말하면, ④ 적게 낳는 것이다 ⑤ 예를 들면

3. 〈모범답안〉
한국어는 단어의 순서가 자유로운 대신에 조사가 있다. 조사란 단어 사이의 문법적인 관계를 나타내는 말이다. 체언 뒤에 붙어서 사용한다. 조사의 예를 들면, -이/가, -은/는, -을/를, 등이 있다.

연습하기

1. ① 이란, ② 이다, ③ 다음과 같다, ④ 첫째, ⑤ 예를 들면, ⑥ 방법이다 ⑦ 앞에서 살펴본 바와 같이
2. 앞부분: ~그래서 만든 것이 외래어 표기법이다.
   중간부분: ~biscuit(비스킷)은 '비스켙'이나 '비스켄'으로 쓰지 않는다.
   끝부분: ~요즘 외래어가 많아서 이 규칙을 알아야 한다.
3. ③
4. ① 첫째
   ② 나는(주어) 밥을 (목적어) 먹습니다(서술어)의 순서이며, 주어를 생략해도 된다.
   ③ 둘째, 높은 사람 앞에서 높임말을 사용한다.
   ④ 셋째, 한국어 단어는 외래어가 많이 있다. 그리고 고유어도 있다. 예를 들어서 버스는 영어에서 왔다. 고유어 단어로 아기, 사과가 있다.
   ⑤ 이상으로 한국어의 특징을 설명했다.

쓰기

1. 〈모범 답안〉
   글은 문장으로 구성되고, 문장은 품사로 만드는 것이다. 문장을 쓰기 위해서 품사를 알아야 한다. 즉 글은 품사를 가지고 만드는 조각 그림 맞추기와 같은 것이다.
   품사란 한국어에서 단어가 문장에서 형태가 변하는지, 어떤 기능을 하는지, 어떤 의미를 가지고 있는지 구분한 것이다. 품사는 명사, 대명사, 수사, 동사, 형용사, 관형사, 부사, 조사, 감탄사의 9개가 있다. 품사의 특징은 다음과 같다.
   첫째, 문장에서 '동사'와 '형용사'는 활용한다. 예를 들어 '먹다'는 '먹었다, 먹고, 먹어요'로 변한다. 두 가지를 함께 '용언'이라고 한다.
   둘째, 문장에서 가장 기본 의미를 만드는 것을 '체언'이라고 한다. 체언에는 사람이나 사물의 이름을 나타내는 '명사', 사람, 사물, 장소의 이름을 대신해서 사용하는 '대명사', 수량이나 차례를 나타내는 '수사'가 있다.
   셋째, '수식언'은 용언과 체언 앞에서 내용을 자세히 해 주는 것으로 관형사와 부사가 있다. '관형사'는 주로 사람과 사물을 자세하게 설명해 주는 말로 '어떤' '무슨'에 해당한다.

'부사'는 주로 서술어를 자세히 설명해 주는 말로 '어떻게, 어디서'에 해당한다. 관계언은 예를 들어서 '-이/가', '을/를'과 같은 '조사'이다. '독립언'은 '아, 앗'과 같이 뜻은 없고 느낌이나 놀람, 대답할 때 하는 말이다. 이상으로 한국어의 9품사에 대해서 살펴보았다. 한국어 문장을 잘 쓰기 위해서는 문장을 구성하는 품사의 특징을 잘 알아야 할 것이다.

10과 대학 보고서의 특징과 개요 쓰기

준비하기

1. 1) ①, 2) ④, 3) ③, 4) ⑥, 5) ⑤, 6) ②
2. ③

알아보기

1. ① 한국문화의 특징 '빨리빨리' 문화
   ② '빨리빨리' 문화의 단점
   ③ '빨리빨리'문화에 대한 이해
2. 화제 : 한국문화
   주제 : 한국의 빨리빨리 문화
3. ③
4. 개요에 없는 내용을 더 쓸 수 있다. 있는 내용도 삭제할 수 있다.

11과 보고서 자료 인용하기

읽고 알아보기

1. 한국을 대표하는 효 문화
2. 1996년도에 노벨경제학상을 수상한 미국 시카코대학의 〈게리 베커〉 교수는 '한국인은 전통적인 대가족 제도와 효(孝)사상으로 한강의 기적을 이뤄냈다. 앞으로 이 두 가치를 잃어버린다면 한국의 재도약은 어려울 것이다.' 라고 말한 적이 있다. 한국을 찾은 LA 타임스의 외국인 기자는 "그 어떤 것보다 인상적이었던 것은 성묘를 위해 먼 길을 달려가던 사람들의 끝없는 행렬"이었다고 말했다.
3. 주제를 강조하기 위해서, 객관적이라고 표현하기 위해서

1. 1) 선배에 따르면 한국인은 밥의 힘으로 산다고 말한다.
   2) 정서영 교수는 한국인의 식생활에서 무엇이 문제냐고 (질문)했다.
2. 1) 김우룡·장소원(2004:19)에서는 "인간이 살아 있다는 것은 커뮤니케이션을 한다는 것이다."라고 하였다.
   2) 김우룡·장소원(2004:19)에서는 인간은 커뮤니케이션을 한다고 하였다.

연습하기

1. ① 김유진(2011.03.01) 박이정뉴스에 따르면
   ② 있다고 하였다,
   ③ 한국농촌경제연구원에 따르면,
   ④ 줄어들었다고 한다
2. 1) ②, 2) ①, 3) ④, 4) ③

쓰기

1. ① 박한나(2009:156)에서는,
   ② 거의 모든 야채가 김칫감이 될 수 있다고 한다.
   ③ 김유진(2015.12.27) 박이정뉴스에서는 보건복지부(2015)년 조사에 따르면 국민 1인당 1일 김치 소비량은 2009년 29.5kg에서 2014년 22.2kg으로 감소했다고 한다. 혼자사는 1인 가구가 증가하기 때문이다.

12과 보고서 서론 쓰기

준비하기

1. 1) 서론   2) (귤껍질)재활용
   3) 쓰레기로 흔히 버려지는 귤껍질을 활용하여 일상생활에서 다양하게 이용할 수 있는 방법과 이를 응용한 산업까지 살펴보고자 한다.

읽고 알아보기

1. ① 현재의 상황   ② 조사의 필요성
   ③ 조사의 목적
2. ①
3. ②, ③, ④

1. 1) 이 보고서는 한국과 베트남의 문화 차이를 설명하고자 한다.
   2) 본고는(이 보고서는) 효과적인 한국어 어휘 교육 방법을 살펴보고자 한다.
2. 1) ① 최근, ② 의료비가 많이 오른 상황이다.
   2) ① 최근, ② 한국어를 잘 못하는 외국인이 서울에서 생활하면서 생기를 문제를 도와 줄 곳이 부족한 상황이다.
3. ① 관광코스가 부족한 상황이다.
   ② 이 보고서는(본고에서는) 외국인이 좋아하는 관광지에 대해서 살펴보고자 한다.
   ① 이 보고서는(본고에서는) 필자 고향의 문화와 관광자원을 소개하고자 한다.
   ② 이 보고서의 목적은 필자 고향의 문화와 관광자원을 살펴보는 데에 있다.
4. 1) ① 관광코스가 부족하다/많지 않다. ② 본 보고서에서는 ③ 살펴보고자 한다.
   2) ① 많아지는 것이 현재의 상황이다 ② 이 보고서의 목적은 ③ 살펴보고자 한다

연습하기

1. 1) ②, 2) ③, 3) ④, 4) ①
2. 〈모범답안〉
   한국인들은 '밥 먹었냐'라고 첫인사 하고, '언제 밥 한번 먹자'하고 마지막 인사를 한다. 하지만 요즘 한국인은 밥을 주식으로 한다는 말이 의문이 들 정도로 쌀의 소비가 줄고 있다.
3. 〈모범답안〉
   여러분은 전세계적으로 인기를 끌었던 한국 드라마 '대장금'을 기억하는가? 이 드라마에서 등장한 화려한 궁중음식을 본 시청자들 때문에 최근 전세계적으로 한식이 인기가 많아졌다.
4. 〈모범답안〉
   스펙은 영어 'specification'의 줄임말로 광고나 카탈로드 등 홍보지에서 제품의 내용을 자세히 설명하는 설명서라고 할 수 있다. 이것을 사람에게 적용하여 다른 사람에게 자신이 얼마나 효율적인지를 설명하는 '자기 설명서, 품질 증명서'이다. 경쟁이 치열한 취업시장에서 자신의 가치가 얼마나 좋은지를 증명하는 것이다.
   최근 대학생들의 대학교 활동 중 가장 큰 관심의 대상은 바로 '스펙'이다. 스펙을 위해서 학원에 다니고, 스펙을 위해서 학점을 따고 오로지 스펙을 위한 삶을 살고 있다. 요즘 대학생의 생활을 취업을 준비하는 수험생의 생활과 같다. 미래를 위한 교양을 쌓고

전공을 하는 학생들에게 이런 취업을 위한 스펙에 중점을 두는 대학생활은 여러 가지 문제가 나타날 수 있다. 본 보고서의 목적은 스펙이 대학생활에서 어떤 효과가 나타나는지에 대하여 알아보는 데에 있다.

13과 보고서 본론 쓰기

준비하기

1. 1) 본론, 2) 환경 오염 3) 다른 오염 (토양 오염, 방사능 오염 등)
2. ①, ③

읽고 알아보기

1. ① 국제결혼, ② 국제결혼에 대해서 찬성한다, ③ 외국어를 잘 할 수 있다. 다른 나라의 풍습이며 여러 가지를 배울 수 있다. 이중언어를 할 수 있다. 훌륭한 국민성을 가진다. 다른 성격이나 문화도 배울 수 있다.
2. 1) ① 2) ③ 3) ②

알아보기

1. ① 그로 인해 ② 그러다 보니 ③ 따라서(그렇기 때문에)
2. ① 토양 오염은 오랜 시간 후에 나타난다. ② 사람은 물을 마시지 않고 살 수 없 ③ 이를 막기 위해서는 쓰레기 줄이기가 가장 효과적이다.
3. ① 음식물 쓰레기를 줄인다. ② 먹지 않는 것을 뺀다. 남기지 않는다. 먹을 만큼 가져다 먹는다. ③ 박이정 일보. 김유진(2015.09.23.)

연습하기

1. 〈모범답안〉
① 없다 보니 ② 뉴스한국 (2014.07.04.) ③ 서울 한강에서 많은 물고기가 죽어서 물 위에 떠 있는 장면을 본 적이 있다. ④ 예를 들어서 수달은 게, 개구리 등을 먹고 사는데 수질의 오염으로 인해 먹이의 수가 줄어들고 그로 인해 수달의 수도 줄어들게 되었다.
⑤ 우리가 가정에서 사용하는 폐수를 강에 마구 버리거나 공장에서 오염 물질을 강에 몰래 버리기 때문이다. ⑥ 변기에 사용되는 물을 줄이고, 머리를 감거나 세수 할 때 수도에서 물을 계속 틀지 않고 필요한 만큼만 받아서 사용해야 한다.

3. 〈모범답안〉
내가 가장 심각하다고 생각하는 환경 문제는 토양오염이다. 수질 오염은 눈에 보이기 때문에 원인과 해결 방법을 빨리 찾을 수 있지만 토양오염은 오랜 시간이 지난 후에 나타나기 때문에 원인을 알기 힘든 경우가 많다. 또한 토양은 다른 환경오염에 비해 일단 오염이 되면 다시 회복이 불가능하다고 한다.
국가환경산업기술정보시스템 홈페이지에 의하면 토양 오염의 유명한 사례로 1971년 미국의 타임스비치 사건이 있다고 한다. 미국 타임스비치라는 곳에서 먼지 때문에 도로에 기름을 뿌렸다. 그런데 이 일을 하는 회사에서 비용을 줄이느라 근처 회사에서 버린 폐유를 섞어서 뿌렸다. 그로 인해 마을의 가축들이 죽었고, 주민들이 이상한 병에 걸리게 되었다. 처음에는 원인을 몰랐지만 나중에 원인을 찾았다. 결국 그 곳의 주민들은 거기에 살지 못하고 모두 이사를 하게 되었다.
토양이 오염된 원인은 타임스비치처럼 몰래 버린 오염 물질로 오염이 된다. 또한 농사를 지을 때 농약이 토양에 남기 때문에 오염이 된다. 또 토양으로 옮겨지거나 식물이 오염되면 그 식물을 먹은 동물이 또 그 동물을 먹은 동물로 오염이 된다. 우리가 토양 오염을 하지 않기 위한 방법은 다음과 같다.

1) 농약 사용 줄이기
농약을 많이 사용하면 우리는 크고 좋은 과일이나 야채를 싸게 먹을 수 있지만 그 대신에 토양은 오랜 동안 오염이 된다. 농약이 원인인 토양 오염을 줄이기 위해서는 우리는 농약을 사용하지 않거나 사용을 줄인 야채와 과일을 먹어야 한다. 농약을 사용하지 않은 유기농 과일과 채소는 작고 비싸지만 이것을 먹는 것이 토양을 보호할 수 있다면 먹어야 한다고 본다. (생략)

14과 보고서 결론 쓰기

준비하기

1. 1) 결론 2) ① 3) ②

읽고 알아보기

1. ① 요즘의 상황, ② 필요성, ③ 목적, ④ 주제, ⑤ 요약, ⑥ 전망

알아보기

1. ① 지금까지 대학생이 자주 사용하는 은어를 살펴 보았다.

    ② 이상으로 한국 문화를 잘 나타내는 속담을 소개하였다.

2. 〈모범답안〉

    남녀언어의 특징을 비교하는 데에 목적을 두었다. 이를 통해 언어의 성별에 따라 어떤 차이가 있는지를 알아보고, 서로의 언어를 존중하는 방법을 제시하였다.

3. ① 본 보고서에서는 / 살펴보았다.

    ② 이 연구에서는 / 밝히고자 하였다.

4. ① 지금까지 세대에 따른 언어 생활의 차이를 살펴 보았다. 앞으로 과제는 세대 간의 활발한 의사소통을 위하여 언어 생활의 차이를 줄여야 하는 것이다.

    ② 지금까지 한국 문화를 한국어 교육에 적용하는 방법을 살펴 보았다. 앞으로 한국어 교육에 활용되어야 할 것이다.

    ③ 지금까지 헌옷을 재활용 하는 방법을 살펴 보았다. 앞으로 옷이 쓰레기로 버려지지 않도록 다양한 방법에 대한 개발(조사)이 더 필요하다고 본다.

연습하기

1. ① 살펴보았다 ② 있었다/나타났다 ③ 사용하였다 ④ 사용하였다 ⑤ 사용하였다 ⑥ 그러므로 ⑦ 사용해야 한다 ⑧ 앞으로 ⑨ 해야 할 필요가 있다

2. 〈모범답안〉

    지금까지 남성어와 여성어의 차이를 살펴보았다. 남성어와 여성어에 어떤 차이가 있는지 없는지 조사하고, 차이가 있다면 왜 그런 차이가 나타나는지를 밝히고자 하였다. 한국어에 나타나는 남성어와 여성어의 차이는 사회적 역할의 차이 때문으로 밖에서 활동하는 남성어는 혁신적이지만, 가정생활을 하는 여성어는 더 보수적이었다. 따라서 남성어보다 여성어가 더 표준어와 규범에 가까웠다. 생활 영역의 차이로 남성어는 운동이나 직업 용어가 많이 쓰이고 여성어에는 색채어나 감각어가 많이 쓰였다. 앞으로의 과제는 남녀의 언어 차이를 더 자세히 밝혀서 언어 사용에 도움을 주어야 할 것이다.